Das Dalai-Lama-Prinzip für Eltern

Mosaik bei
GOLDMANN

Anne-Bärbel Köhle
Dr. Stefan Rieß

Das Dalai-Lama-Prinzip für Eltern

Erziehen mit Liebe und Respekt

Mosaik bei
GOLDMANN

Für unsere Eltern

FSC
Mix
Produktgruppe aus vorbildlich bewirtschafteten Wäldern und anderen kontrollierten Herkünften

Zert.-Nr. SGS-COC-1940
www.fsc.org
© 1996 Forest Stewardship Council

Verlagsgruppe Random House FSC-DEU-0100
Das für dieses Buch verwendete FSC-zertifizierte Papier *Munken Premium* liefert Arctic Paper Munkedals AB, Schweden

1. Auflage

Umschlaggestaltung: Eisele Grafik-Design
Illustrationen: Mascha Greune
Redaktion: Annette Baldszuhn
Satz: Barbara Rabus
Druck und Bindung: GGP Media GmbH, Pößneck
Printed in Germany
CH · Herstellung: IH
ISBN 978-3-442-39119-6

www.mosaik-goldmann.de

Inhalt

Vorwort

Warum wir dieses Buch geschrieben haben

Vor zwei Jahren kam mein Sohn Finn auf die Welt. (Wenn ich »mein« schreibe, ist das natürlich nicht ganz richtig, schließlich hat der kleine Mann auch eine Mutter, die meine Frau ist und die ich sehr liebe und in die Finn auch sehr verliebt ist. Also sollte es korrekt »unser« Sohn heißen. Aber da vielleicht die Meinungen, Einstellungen und Probleme meiner Frau Claudia im Allgemeinen und bei der Kinderziehung nicht unbedingt die gleichen sind wie meine, werde ich hin und wieder »mein Sohn« schreiben und nicht immer »unser Sohn«.)

Finn kam also auf die Welt und stellte nicht nur unser Leben auf den Kopf, sondern auch alle Bilder, die wir vom Familienleben hatten. Ich weiß nicht, was wir uns genau vorgestellt hatten, aber ich glaube, es war in etwa so, dass wir annahmen, unser Leben wie gewohnt fortzusetzen, nur mit dem Unterschied, dass wir einer mehr sind. (Ich will an dieser Stelle auch gleich sagen, dass ich mich jeden Tag darüber freue, dass Finn auf der

Welt ist. Denn auch wenn auf den nächsten Seiten oft von Problemen oder Schwierigkeiten die Rede ist – Finn ist für mich das schönste Geschenk, das mir das Leben gemacht hat.)

Doch spätestens nach der Rückkehr meiner Frau aus dem Krankenhaus wurde blitzschnell klar, dass ab sofort alles anders ist – unsere gewohnte Tagesplanung wurde von nun an von unserem Sohn bestimmt. Wollte er essen, wurde gestillt oder Babybrei angerührt. Wollte er schlafen, legten wir ihn in sein Bettchen und verhielten uns mucksmäuschenstill. Wollte er ausfahren, ging es ab mit dem Kinderwagen.

Doch was jetzt so einfach klingt, ist es in Wirklichkeit nicht: Denn zuerst musste man ja herausfinden, was das kleine Wesen tatsächlich will, und das ist – dem werden alle Eltern zustimmen – nicht so leicht. Schließlich geht es darum, einem Neugeborenen seine Wünsche quasi von den Augen abzulesen respektive die verschiedenen Lautstärken und Tonlagen des Schreiens richtig zu interpretieren. Ist das Kleine vielleicht müde? Oder eher hungrig? Hat es möglicherweise Bauchschmerzen? Sind Zähne im Anmarsch? Fieber?

Tage mit Finn kamen und kommen mir manchmal vor wie eine Expedition in ein fremdes Land. Oft verstehe ich nicht genau, was Finn mir sagen will; dann habe ich wieder keine Ahnung, warum er etwas Bestimmtes tut oder haben möchte. Ich weiß also nie genau, was mich erwartet. Deshalb bleibt mir nur eine Lösung: Ich versuche mich so gut ich kann auf Unerwartetes einzustellen, möglichst offen für Überraschungen zu sein und mich in das Denken und die Handlungen meines Sohnes erst einmal einzufühlen.

Jedes Kind ist wie ein unentdeckter Kontinent, der erforscht und verstanden werden will. Wer glaubt, dass kleine Menschen im Grunde alle gleich sind, den muss ich enttäuschen: Patentrezepte gibt es für den Umgang mit Kindern nicht. Denn die Persönlichkeiten sind unterschiedlich, schon bei den ganz Kleinen. Es gibt die Ruhigen, die man erst einmal motivieren muss, sich zu bewegen; die Super-Aktiven, die sich den ganzen Tag auspowern; die Wagemutigen, die Vorsichtigen, die Selbstbewussten, die Schüchternen. Was also für das eine Kind richtig ist, muss nicht unbedingt für das andere richtig sein. Doch was sie verbindet, ist die Tatsache, dass sie ihre Eltern von Beginn an vor Herausforderungen stellen.

Kein Wunder, dass jedes Jahr unzählige Erziehungsratgeber auf den Markt kommen – mit den unterschiedlichsten Ansätzen und Zielen: Sie sollen den Eltern helfen, ihre Söhne und Töchter besser zum Schlafen zu bringen, von Bewegungsunruhe und Trotz zu befreien, bei der Entwicklung bestimmter Fähigkeiten zu fördern, auf die Schule vorzubereiten, durch die Pubertät zu begleiten. Und fit für die Zukunft zu machen. Viele dieser durchaus gut gemeinten Bücher funktionieren leider wie Gebrauchsanweisungen: »Wenn Sie das machen, passiert Folgendes …« Oder: »Sollte Ihr Kind zu diesem und jenem neigen, müssen Sie nur …« Ratgeber gehen dabei in der Regel problemorientiert vor. Es ist nichts gegen frühkindliche Förderung einzuwenden, und für viele Eltern mögen Tipps, wie man zum Beispiel mit einem Schreibaby umgeht, sicherlich von Nutzen sein. Dabei übersehen diese Ratgeber oft einen wichtigen Punkt: Das Problem liegt nicht (nur) beim Kind.

Wenn ein Kind ununterbrochen schreit oder nicht schläft oder nicht essen will, haben zunächst einmal die Eltern ein Problem. Schließlich müssen wir als Eltern dafür sorgen, dass unser Nachwuchs vernünftig isst, ausreichend schläft und sich rundum wohlfühlt. Wir müssen als Eltern in der Lage sein, mit unseren Kindern auf eine gute Art umzugehen. Denn *wir* sind für unser Kind verantwortlich und nicht umgekehrt. Dazu müssen Eltern sich jedoch zuerst einmal mit ihren eigenen Gedanken und Gefühlen, Einstellungen und Überzeugungen auseinandersetzen.

Stefan Rieß

Kein Tag gleicht bei uns dem anderen. Ständig passieren Überraschungen. Ereignisse treten ein, die sich unserer elterlichen Kontrolle entziehen. Dinge geschehen, für die wir noch keine Antwort haben, bei denen wir zunächst nicht mal wissen, wie wir uns fühlen: glücklich oder wütend. Wenn nachts ein Pubertierender sichtlich angetrunken durchs Haus trampelt, durchfluten mich nämlich beide Emotionen. Endlich ist er wohlbehalten wieder zu Hause, sagt die Mütterlich-Sanftmütige in mir. Am liebsten würde ich ihm die Ohren lang ziehen. So eine Rücksichtslosigkeit! Solche Anteile gibt es in meiner elterlichen Seele auch.

Wer mit Kindern lebt, bereist ein völlig neues geistiges Universum. Welche Werte gelten darin? Was für Einstellungen sind jetzt wichtig? Auf welches Verhalten kommt es jetzt an? Mein Mann und ich fragen uns das schon seit beinahe 19 Jahren. Damals kam unser erster Sohn Maximilian zur Welt. Sein Vater und ich waren 24 und 25 Jahre alt und studierten beide noch. Vor der Geburt gingen wir davon aus, dass unser Leben danach schlichtweg so fröhlich und unbeschwert weitergehen würde wie zuvor. Wir hätten eben einfach ein Kind, in der Haltung ungefähr so kompliziert wie ein junger Hund. In dem Moment aber, als mir die Hebamme mein Baby auf den Bauch legte, wusste ich, dass ich mich gründlich getäuscht hatte.

Angeblich empfinden Frauen den Moment, in dem sie ihr Baby das erste Mal sehen, als den schönsten in ihrem Leben. Noch herzerweichender und beglückender als die Hochzeit. Da muss ich zumindest für mich widersprechen. Ich hatte nämlich Angst. Mir wurde schlagartig klar, dass ich künftig die Verantwortung für einen hilflosen, winzig kleinen Menschen haben würde. Und ich fürchtete, dieser gigantischen Aufgabe innerlich nicht gewachsen zu sein. Ich wusste in dem Augenblick, als ich mein Kind ansah, dass ich noch nie jemanden mit einer solchen absoluten Bedingungslosigkeit geliebt hatte. Und dass unweigerlich der Tag kommen würde, an dem ich meinen Sohn ins Leben ziehen lassen müsste – ohne ihn weiter beschützen zu können, ohne beständig ein Auge auf ihn zu haben. Mit einem Wort: Ich fühlte mich glücklich, aber auch verletzlich wie nie zuvor in meinem Leben.

Den Initialschock erlebte ich bei seinem Bruder Felix, der zwei Jahre später auf die Welt kam, nicht mehr. Denn zu diesem Zeitpunkt hatte ich bereits verstanden: Unsere Kinder sind zwar ein Teil von uns, aber sie sind nicht wie wir. Sie mögen die Ohren vom Opa und die Augen von der Mama haben – das sagt noch lange nichts darüber aus, welcher Kosmos sich in ihrer Seele verbirgt. Ich ahnte: Was immer wir anstellen, sie werden nicht zu unseren Ebenbildern werden. Sie werden ihren eigenen Weg gehen müssen. Wir können sie beschützen, wir können ihnen gute, gedeihliche Angewohnheiten vorleben. Aber es ist nicht unsere Wahl zu entscheiden, wer oder was sie werden. Kurz: Wir müssen ihnen in dieser Welt Halt geben, auch wenn es bedeutet, selbst häufig zurückzustecken. Wir müssen lernen, sie loszulassen, gelassen, achtsam und freundlich zu bleiben. Und dabei möglichst nicht die Nerven verlieren.

Lässt sich das lernen? Manchmal ja, manchmal nein. Wenn sich an einem Tag die Katze aufs Sofa erbricht, das Finanzamt einen unersprießlichen Forderungsbrief schickt, die Spülmaschine die rülpsenden Geräusche macht, die nie etwas Gutes verheißen, muss ich zumindest tief durchatmen, um ruhig zu bleiben. Wenn dann noch eine Fünf in Latein und eine Sechs in Französisch ins Haus flattern, einer der Knaben fiebrig und schlecht gelaunt das Bett hütet und wegen des anderen die Polizei anruft (»Wir haben ihn und seine Freunde beim Zündeln im Wald erwischt«), dann würde ich ganz klar sagen: Nein. Gelassenheit? Unmöglich!

Aber es gibt auch die anderen Tage. Die, an denen ich weiß, welches Geschenk es bedeutet, Kinder zu haben, mit jungen Menschen zu leben. Bei der ersten Autofahrt meines Großen (»Mama, entspann dich!«) ging es mir so, als er mich erstmals zur Arbeit fuhr. Der Weg dorthin führt durchs Pullacher Isartal. An diesem Tag beschien die Sonne das Herbstlaub. Und mein Kind erinnerte mich daran, dass die kleinen Momente das Leben wirklich schön machen: »Was muss das für eine Freude sein, jeden Tag so einen hübschen Arbeitsweg zu haben«, sagte er. Ich danke dir, mein Sohn! Für die Lehre und für das Glück. An solchen Tagen gelingt es mir, eins mit mir und meiner Umwelt zu sein, den Moment zu genießen, Dankbarkeit und Verbundenheit zu spüren.

Wenn ich auf die letzten 18 Jahre zurückblicke, in denen jeder Tag irgendeine kleine Herausforderung, eine Überraschung, einen Schmerz oder eine große Freude bereithielt, wenn ich an die Tage (und Nächte) denke, in denen nichts planbar schien, verstehe ich erst, was ich dank meiner Kinder gelernt habe. Manche buddhistischen Lehrer bezeichnen sie als die wahren Zen-Meister – aus gutem Grund: Sie lehren uns die Verhältnismäßigkeit der Dinge. Sie zeigen uns, dass es nichts nützt festzuhalten. Sie bringen uns bei, dass man mit Gelassenheit und Liebe weiter kommt. Sie führen uns vor Augen, dass jedes Kind, jeder Mensch besonders ist und in seiner Besonderheit angenommen werden möchte.

Es funktioniert nicht immer. Aber immer öfter.

Anne-Bärbel Köhle

Kein klassischer Erziehungsratgeber

»Befolge grundsätzlich die folgenden drei Regeln: Denke, weil große Liebe und große Ziele große Risiken in sich bergen, an Respekt für dich selbst, Respekt für andere und Verantwortung für alle deine Handlungen.« Dalai Lama

In diesem Buch geht es vordergründig gar nicht um Probleme mit Kindern. Wir wollen, dass ganz normale Eltern mit ganz normalen Kindern ganz normale Alltagssituationen besser bewältigen. Und so aus Kindern glückliche Menschen machen. Eine Kleinigkeit bleibt nämlich zwischen PEKiP und Krabbelgruppe, Ernährungsplanung und Babyschwimmen leider oft auf der Strecke: die Leichtigkeit des Seins mit Kindern. Schließlich macht es unglaublich viel Spaß, mit ihnen zu leben. Denn Kinder sind in erster Linie ein ganz besonderes Geschenk, eine Bereicherung unseres Lebens. Und genau so sollten wir auch mit ihnen umgehen. Indem wir die Kleinen als das akzeptieren, fördern und lieben, was sie sind: kleine, einzigartige Individuen.

Dieses Buch ist also kein klassischer Erziehungsratgeber. Dieses Buch will Sie mit einigen einfachen Prinzipien vertraut machen, die für alle Menschen gelten. Wenn wir Eltern diese Prinzipien hin und wieder anwenden, können sie uns als Mütter und Väter glücklicher und zufriedener machen und das Zusammenleben zwischen uns und unseren Kindern erleichtern. Auf dem Weg zu einem für alle befriedigenden Miteinander von Eltern und Kindern ist Theorie ein wichtiger Schritt. Aber auch die Praxis und der Spaß dürfen nicht zu kurz kommen. Deswegen sind an vielen Stellen des Buches Übungen eingestreut, die sowohl Eltern als auch Kindern mehr Ruhe und Gelassenheit geben.

Warum heißt das Buch »Das Dalai-Lama-Prinzip für Eltern«?

Vielleicht haben Sie sich über den Titel dieses Buches gewundert. Wir haben unser Buch aus mehreren Gründen so genannt. Zum einen sollte es ein Titel sein, der einen möglichst breiten Leserkreis anspricht und kurz und prägnant zum Ausdruck bringt, worum es uns geht. Der Hauptgrund jedoch liegt in unserer Wertschätzung der Ideen, Meinungen und Vorstellungen des Dalai Lama.

Der Dalai Lama ist für viele Menschen der Inbegriff eines guten und glücklichen Menschen. Er gilt als Symbolfigur einer besseren Welt, ohne dabei naiv oder lebensfremd zu wirken. Weisheit, Güte, Ausgeglichenheit und Lebensfreude – kaum ein anderer Mensch repräsentiert das so wie der aktuell amtierende XIV. Dalai Lama, der den Mönchsnamen Tenzin Gyatso trägt. Der seit der Invasion Tibets durch die Chinesen im indischen Exil in Dharamsala lebende Dalai Lama hat nicht nur das Interesse der Welt auf die Probleme seines Heimatlandes gelenkt, sondern auch die buddhistische Philosophie einer breiteren Öffentlichkeit im Westen zugänglich gemacht.

Der Titel Dalai Lama, der aus dem Mongolischen kommt, bedeutet so viel wie »Ozeangleicher Lehrer«. Der Dalai Lama ist die höchste weltliche und gleichzeitig eine bedeutende religiöse Autorität im buddhistischen Tibet und besitzt dort einen buddhagleichen Status. Der Grund dafür liegt in der Tatsache, dass er ein Mensch ist, der sich aus Mitgefühl entschlossen hat, wieder in das Leben oder »in die gewöhnliche menschliche Existenz« einzutreten, um anderen Wesen zu dienen. Eine Reinkarnation, die eigentlich nicht notwendig wäre – als erleuchtetes Wesen hätte der Dalai Lama den Kreislauf der Wiedergeburten bereits verlassen können.

Wer an Fragen wie Reinkarnation oder Seelenwanderung interessiert ist oder mehr über die politische Situation in Tibet wissen möchte, wird vielleicht enttäuscht sein: Wir werden im Weiteren nicht mehr auf Tibet oder die tibetische Spielart des Buddhismus näher eingehen. Für uns stehen die ganz pragmatischen Weisheiten des

Dalai Lama im Vordergrund, wie: »Meine Religion ist Freundlichkeit.« Und sein Respekt vor der Einzigartigkeit jedes Lebewesens. Seine Forderung nach Gelassenheit. Seine Betonung der Achtsamkeit.

All das lehrt natürlich nicht nur der Dalai Lama. Viele dieser Gedanken finden sich auch in anderen Religionen, und vieles, was aus der fernöstlichen Tradition stammt, hat sich inzwischen auch die westliche Wissenschaft zu eigen gemacht. Auf Kongressen versuchen heute westliche und östliche Psychologen und Pädagogen, die verschiedenen Prinzipien miteinander zu verbinden. So orientiert sich zum Beispiel eine neue Denkrichtung der Psychologie, die »Positive Psychologie«, am Prinzip der Achtsamkeit. Den Vertretern dieser Schule geht es weniger darum herauszufinden, was im Familienalltag nicht funktioniert. Sie versuchen, in die Erziehungsarbeit Prinzipien einzubauen, die die gesamte Familie stärken. Ihr Resümee: Gelassene Eltern haben – häufig – glückliche und gelassene Kinder.

Muss ich Buddhist werden, um dieses Buch zu lesen?

Natürlich nicht. Wir wollen niemanden missionieren. Vielleicht werden auch einige Buddhisten oder Menschen, die sich für Buddhismus interessieren, das Gefühl haben, dass dieses Buch nicht der wahren Lehre entspricht. Das würde uns nicht wundern, schließlich haben wir uns aus den unterschiedlichsten Schulen und Richtungen des Buddhismus Anregungen geholt. Wir haben uns in der 2500-jährigen Geschichte des Buddhismus von ganz verschiedenen Quellen inspirieren lassen – vom tibetischen Buddhismus des Dalai Lama, von japanischen Zen-Meistern, von vietnamesischen Mönchen und natürlich von Buddha selbst. Dabei interessierte uns die Religion im engeren Sinne nur an zweiter Stelle. Wir konzentrierten uns auf die psychologischen Lehren der fernöstlichen Philosophie, die jeder Mensch für sich selbst nachvollziehen kann. Es geht uns also nicht um den Glauben an religiöse Autoritäten oder Regeln.

Buddha erwartete nicht, dass man seine Lehren unkritisch befolgte. Er forderte vielmehr, dass man sich weigern sollte, etwas zu glauben, nur weil es wiederholt mündlich überliefert wurde oder allgemein anerkannt wird, weil es in »wichtigen« Büchern steht. Auch sollte man nichts glauben, nur weil es Buddha selbst gesagt hat. Man sollte nur dann etwas gutheißen, wenn es mit der eigenen Vernunft und dem gesunden Menschenverstand übereinstimmt. Die meisten Ideen des Buddhismus könnten einfach ausprobiert werden: Was man für gut erachtet, das akzeptiert man. Was man nicht für geeignet hält, das muss man nicht annehmen.

Das wollen wir auch unseren Lesern empfehlen. Es ist nicht nötig, in allen Punkten einem Glaubenssystem zuzustimmen. Es ist nicht damit getan, bestimmten Geboten zu folgen. Es geht vielmehr darum, die buddhistischen Ideen mit den eigenen persönlichen Erfahrungen zu vergleichen und die Gedanken, die einem richtig erscheinen, zu übernehmen. Der Buddhismus ist – anders als Islam oder Christentum – keine Religion, die für immer gültige Antworten gibt. Der Buddhismus erwartet von uns, dass wir unsere eigenen Antworten finden. Dafür gibt er die Hilfestellungen und Leitlinien. Mehr nicht.

Wie Buddha sagte, sollte sich jeder Mensch darüber klar sein: »Weil es keinen Retter von außen gibt, muss jeder von euch für seine eigene Befreiung sorgen.«

Kinder stellen das Leben auf den Kopf

»Begegne Veränderungen mit offenen Armen.«
Dalai Lama

Die neue Situation akzeptieren

Die Frage, die sich allen Eltern immer wieder stellt, ist: Wie schaffe ich das alles, ohne dass dabei Entscheidendes zu kurz kommt? Wie bringe ich Kinder und Partner, meinen Beruf und meine persönlichen Bedürfnisse unter einen Hut? Und wie kann ich es hinbekommen, dass es uns allen dabei gut geht?

Vorher haben wir Zeit, um unsere berufliche Karriere voranzutreiben, uns mit Freunden zu treffen, uns selbst zu verwirklichen, ins Kino und Theater zu gehen, Sport zu machen. Nachher ist alles anders. Alle Eltern, die versuchen, sich mit gleicher Aufmerksamkeit dem Beruf und der Familie zu widmen, stellen schnell fest, wie hart das ist. Es ist fast unmöglich, auf ein Kind einzugehen, wenn man gestresst ist, weil man zum Beispiel ein wichtiges Telefonat führen muss. Manchmal ist es

✍ *Stefan Rieß*

Vorher – nachher

Bevor Finn geboren wurde, waren Claudia und ich ein ganz normales Paar, das seine Tage mit Engagement im Job verbrachte und sich dafür ausgiebig belohnte: mit Abendessen bei Kerzenschein im Kreis von Freunden, mit kleinen Shopping-Bummeln, hin und wieder einem Kino- und Museumsbesuch, am Sonntag richtig ausschlafen, also mit viel Zeit für die schönen Dinge des Lebens. Dieses sorglose Leben wollten wir mit einem Kind krönen. Und die ganze Zeit der Schwangerschaft freuten wir uns auf unseren Sohn.

Doch wenige Wochen nach der Geburt stellten wir fest, dass unser Leben sich auf entscheidende Weise geändert hatte – Romantik war Stress gewichen, statt Zweisamkeit gab es jetzt ein 24-Stunden-am-Tag- und 7-Tage-in-der-Woche-Versorgungsprogramm für einen anspruchsvollen jungen Mann. Natürlich hatten wir uns darauf vorbereitet: Kinderzimmer eingerichtet, Babywanne gekauft, Windelpakete und Strampler bereitgelegt. Was die materielle Versorgung betraf, hatten wir an alles gedacht.

Doch dann kam die Herausforderung, auf die uns letztlich nichts vorbereitet hatte. Eine Herausforderung, die ihre ganz eigenen Bedürfnisse und eine ganz eigene Art, sie auszudrücken, hat: Finn. Denn unsere Rolle als Eltern können wir nur ausfüllen, indem wir Eltern sind. Plötzlich ist man drei bis fünf Mal in der Nacht wach, trägt einen Säugling eine halbe Stunde durch die Wohnung, überlegt, mit welchen Methoden man ihn in die lauwarme Badewanne bekommt oder dem Kerlchen die Windeln anlegt.

Vorher hatte ich geglaubt, mit Arbeit, Alltagsorganisation und Freizeitgestaltung einen bereits mehr als ausgefüllten Tag zu haben und damit meine Reserven vollkommen genutzt zu haben. Ein Irrtum: Finn beschäftigte uns plötzlich den größten Teil des Tages. Alles was vorher so wichtig war: Job, einkaufen, aufräumen – das machten wir jetzt nebenbei. Das brachte uns immer wieder gehörig in Stress und tut es noch heute. Schließlich müssen Job und Haushalt ja irgendwie erledigt werden.

schon schwierig, auf die Toilette zu gehen, zu duschen oder einen Happen zu essen. (Ich habe großen Respekt vor Alleinerziehenden. Zur doppelten Belastung kommt bei ihnen noch hinzu, dass sie auf sich allein gestellt sind – zu zweit kann man sich doch hin und wieder ablösen und vor allem sich gegenseitig Mut zusprechen.) Man ist immer öfter müde und unausgeschlafen, und man hat zunehmend das Gefühl, keine Zeit mehr für sich selbst zu haben.

Die erste Lektion, die wir als Eltern also lernen müssen, ist: Akzeptiere, dass das Leben anders ist als vorher. Akzeptieren heißt nicht, die neue Situation einfach passiv zu ertragen oder hinzunehmen. Akzeptieren heißt, die Veränderung willkommen zu heißen und neue Wege zu dritt (oder zu zweit oder zu viert) zu finden. Nicht nur die Geburt eines Kindes verändert das Leben, sondern jeder Tag, jeder Monat und jedes Jahr, das wir mit unseren Kindern teilen, bringt Veränderungen mit sich. Doch das ist auch das Schöne daran: Wir können alle neuen Lebenssituationen – selbst die schwierigsten – für uns nutzen, um reifer und erwachsener zu werden. Wir lernen uns so besser kennen oder entdecken ganz andere Seiten an uns. Kinder lassen uns mutiger und selbstbewusster werden – weil wir uns mehr zutrauen als früher und weil wir jeden Tag erleben, was wir alles leisten können.

Trotzdem: Die »erzwungene Spontaneität« bedeutet für uns Erwachsene oft eine echte Herausforderung, schließlich sind wir daran gewöhnt, unser Leben zu organisieren, zu planen und zu kontrollieren (was gerade in einem Haushalt mit Kindern alles andere als unwichtig ist!). Als Eltern sind wir auf eine Weise verletzbar, die wir vorher nicht kannten. Wir werden mit Chaos, Unordnung und Gefühlen der eigenen Unfähigkeit konfrontiert. Viel häufiger als früher gibt es Anlässe, die zu

Fingermudra: Die eigene Energie spüren

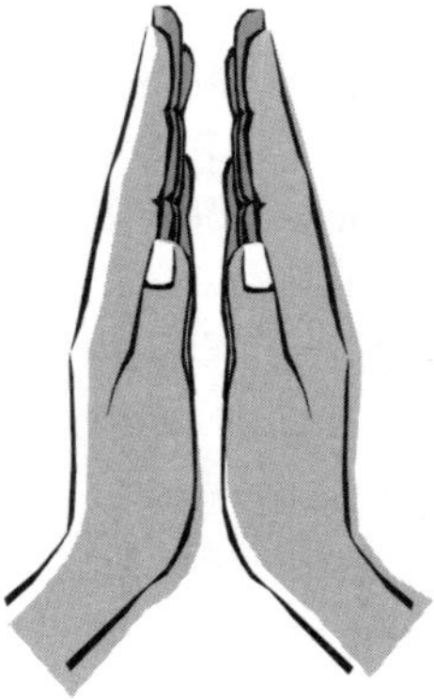

So bekommen Sie ein gutes Gefühl für Ihre Energie.

- Schließen Sie die Augen.
- Halten Sie die Innenflächen Ihrer Hände im Abstand von ein bis zwei Zentimetern etwa eine Minute lang aneinander.
- Spüren Sie die Energie, die sich als Wärme und Kribbeln zeigt.

Unsere Hände sind so sensibel, dass die Fingerbeere den Druck eines Gegenstands wahrnehmen kann, der sich nur ein Hunderstel Millimeter in die Haut hineindrückt. Weil unsere Hände dermaßen empfindlich sind, lässt sich durch sie auch spüren, wie Energie fließt. Sich für einen kurzen Moment auf sich selbst, auf die eigenen Bedürfnisse zu konzentrieren, schafft Distanz vom anstrengenden Alltag mit Kindern.

Konflikten, Auseinandersetzungen oder Streit führen können. Auf die Probe gestellt werden unsere Nerven von Lärm und Schmutz, permanenten Verpflichtungen und Erledigungen, die kein Ende finden. Wir fühlen uns viel eher als früher erschöpft oder enttäuscht, wütend oder ängstlich, überfordert oder hilflos.

Sind Kinder also nur eine Quelle von Sorgen und Mühen? Sollte man sich das also lieber gar nicht antun? Ganz und gar nicht! Kinder verkörpern Vitalität, Entwicklung und das Wunder des Lebens. Und sie geben uns als Eltern die einzigartige Chance, mehr über uns selbst und das Leben zu erfahren. Der amerikanische Psychologe und Achtsamkeitstrainer Jon Kabat-Zinn formuliert es folgendermaßen: »Sobald wir Kinder haben, verändert sich unser Kontakt zum übrigen Universum und unsere Sicht aller Dinge völlig. Wir empfinden plötzlich eine Verbundenheit mit den Hoffnungen und Schmerzen anderer, wie wir es vielleicht noch nie erlebt haben, wir verspüren plötzlich ein tieferes Mitgefühl mit den Leiden und Problemen anderer Menschen. Wenn wir uns um das Wohl unserer Kinder sorgen, sehen wir auch Armut, Umweltprobleme, Kriege und die Zukunft in einem anderen Licht.«

Von Kindern lernen

Für Kinder ist das Leben im Hier und Jetzt kein Problem. Wenn wir sie dabei aufmerksam beobachten, können sie so etwas wie unsere »spirituellen Lehrer« sein. Jon Kabat-Zinn bezeichnete Kinder einmal als kleine Zen-Meister, und tatsächlich gibt es einige Ähnlichkeiten: Auch Zen-Meister erklären nicht, was sie meinen. Sie verlieren sich nicht in Gedanken und Erwägungen über dieses und jenes, über gestern oder morgen. Sie denken nicht in moralischen Kategorien, Begriffe wie Schuld und Sühne sind ihnen zunächst fremd. Sie halten nicht ewig an bestimmten Vorstellungen oder Erwartungen fest, sie haben keine für immer festgelegten Meinungen darüber, wie sich Dinge oder Menschen verhalten müssten. Was sie tun oder sagen, kann in sich vollkommen widersprüchlich sein und sich von einem Moment auf den anderen ändern.

Warum tun Zen-Lehrer das? Auf diese Weise wollen sie unsere eingefahrenen Denkweisen aufbrechen, damit wir uns tieferen Wahrheiten öffnen können, und uns dazu bringen, intensiver im Hier und Jetzt zu leben.

Auch Kinder sind sprunghaft und widersprüchlich, provozieren und fordern uns. Dadurch konfrontieren sie uns Eltern immer wieder mit neuen Herausforderungen, die wir mit unseren vorgefertigten Gedanken und Methoden oft nicht bewältigen können. Und: Haben wir einmal eine Methode gefunden, die funktioniert, kön-

✍ *Stefan Rieß*

Heute so, morgen so

Oft beobachte ich Finn, wenn er mit seiner kleinen Bohrmaschine aus Plastik in der Hand imaginäre Löcher in die Wand bohrt oder hochkonzentriert mit einer Plastikschaufel »Rasen mäht«. Da spielt es keine Rolle, dass die Bohrmaschine genauso wenig echt ist wie die gebohrten Löcher und man mit einer Schaufel natürlich keinen Rasen mähen kann. So schafft sich Finn seine eigene Realität, indem er unsere Tätigkeiten nachahmt. Ganz besonders spannend sind für ihn neue Aktivitäten, neue Werkzeuge, neue Tagesabläufe.

Finn – und das teilt er mit anderen Kindern – hat wenig Sinn für die Wiederkehr des Ewiggleichen. Genauso kann sich bei Finn alles rasend schnell ändern. Gerade noch wurde mit der Schaufel konzentriert gemäht, plötzlich wird sie unter großem Geschrei an die Wand geworfen. Oder er stellt plötzlich fest, dass der Bohrer nicht »richtig geht«, was minutenlanges Weinen zur Folge haben kann.

Da kann natürlich der Konflikt mit mir (oder Claudia) beginnen, weil wir automatisch davon ausgehen, dass das, was vor wenigen Minuten, Stunden oder Tagen funktioniert hat, auch jetzt noch funktioniert. Vorgestern haben Finn die Nudeln doch gut geschmeckt, warum mag er sie heute nicht mehr? Vor einer Woche ist er beim Herumtragen ganz leicht eingeschlafen, wieso bleibt er jetzt dabei wach? Gestern war es doch so entspannt, als wir zusammen auf dem Spielplatz waren, warum schreit er heute dauernd nach Mami? Hatten wir uns nicht gerade darauf verständigt, nicht mit dem Essen zu spielen, nicht Steine nach anderen Kindern zu werfen, nicht den Kakao auf den Boden zu schütten und den Becher hinterherzuschmeißen? Obendrein habe ich keine Ahnung, was in solchen Momenten genau in Finn vorgeht: Weiß er eigentlich, was er macht? Will er uns provozieren? Erforscht er gerade physikalische Gesetze? Trainiert er seine Sinne? Will er seine und unsere Grenzen testen?

Dafür fällt mir auf, was in mir vorgeht: Ich spüre, wie die Spannung innerlich steigt. Ich stelle fest, dass ich keine Kontrolle über die Situation habe. Das macht mich manchmal wütend, manchmal traurig, und das passiert umso schneller, wenn ich müde bin oder gestresst, weil noch etwas Dringendes zu erledigen ist.

nen wir mit ziemlicher Sicherheit damit rechnen, dass in wenigen Minuten, Stunden oder Tagen etwas anderes nötig sein wird. Denn Kinder lernen dauernd dazu und verändern sich schneller, als wir denken – wir sind also dauernd gefordert, aufs Neue auf sie einzugehen.

Nicht zuletzt sind Kinder in der Regel viel aktiver als Erwachsene, weil sie nicht lange an einem Ort sitzen bleiben, sondern lieber ihre Umwelt erkunden. (Wer jemals an einer Ladenkasse oder Bushaltestelle in Begleitung eines zweijährigen Kindes wartete, weiß, wovon hier die Rede ist.) Das – und ihre emotionalen Bedürfnisse nach Liebe und Zuwendung – verlangt unsere ständige Aufmerksamkeit. Kinder zwingen uns dazu, präsent zu sein und immer wieder herauszufinden, was gerade in ihnen vorgeht. Unsere Kreativität ist also permanent gefordert.

Wie geht man damit um? Man kann es ignorieren oder dagegen ankämpfen, weil es nicht den Vorstellungen entspricht oder gerade nicht in die Situation passt. Das führt aber nur zu sinnlosen Machtkämpfen und vielen Schwierigkeiten. Viel besser ist, wenn wir an uns selbst arbeiten und die Lektionen unserer kleinen Lehrer zu verstehen beginnen. Dazu bedarf es allerdings einiger Vorbereitung – und eine Garantie auf Erfolg gibt es auch nicht. Denn das Leben mit Kindern ähnelt einer Berg- und Talfahrt. Gerade haben wir uns noch über die Entwicklungsfortschritte unseres Nachwuchses gefreut – und schon werden wieder längst vergangen ge-

Akupressur: Situationen gelassen annehmen

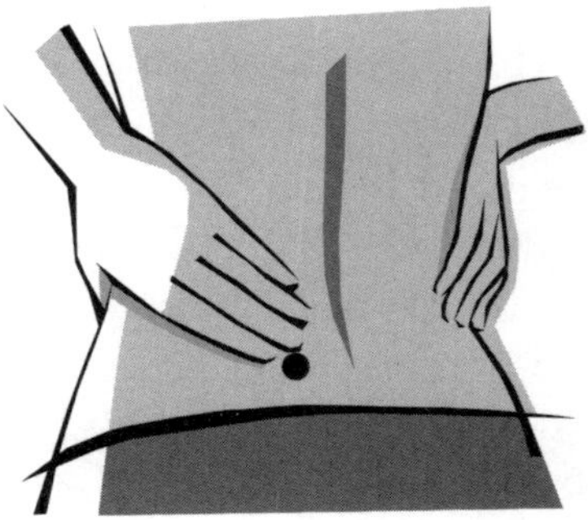

Wenn es mit den Kleinen stressig wird, ist diese Übung nützlich.

- Legen Sie Ihre Hände so, dass der Mittelfinger auf dem Energiepunkt 2 (siehe Abb.) aufliegt, die anderen Finger liegen dicht daneben. Wenn Sie beide Hände entspannt im Rücken abstützen, treffen Sie den Punkt fast automatisch.
- Drei Minuten beidseitig liegen lassen und fühlen, wie die Wärme Sie durchströmt.

Energiepunkte mit den Händen und Fingern zu aktivieren, bringt Kräfte zurück. Das ist das Credo von Jin Shin Jyutsu, einer uralten fernöstlichen Heilslehre. Nebenbei unterstützt es den Prozess des Annehmens und Loslassens von schwierigen Situationen. Angenehmer Nebeneffekt dieser Übung: Sie stärken Ihren Rücken.

Anne-Bärbel Köhle

Nichts bleibt, wie es ist

Es gibt Momente, die haben sich mir in ihrer Ambivalenz stark eingeprägt. Ich erinnere mich an den Tag, als Felix das erste Mal in den Kindergarten ging. Er war damals noch nicht einmal zwei Jahre alt. Sein größerer Bruder war bereits zwei Jahre in der Krippe, die wir mit anderen Eltern gegründet hatten. Dabei handelte es sich in Wahrheit um eine Art Kinderparadies. Um eine kleine Gruppe von Winzlingen kümmerten sich zwei hinreißende Erzieherinnen. Vormittags wurden die Kinder mit einem Bollerwagen zum Spielplatz kutschiert, alle zehn samt Spielzeug und Lieblingsteddys in das Gefährt eingezwängt. Kein Wunder, dass Felix unbedingt auch wie sein großer Bruder dorthin wollte. Ich befürchtete, er sei dafür noch ein bisschen zu klein. Aber die anderen Eltern und schließlich auch die Erzieherinnen redeten mir gut zu. Felix' morgendliche Heulattacken beim Verabschieden des großen Bruders taten das Ihrige.

Und dann kam er, dieser Moment, in dem mein Kleiner das erste Mal als echter »Kindergärtner« die Krippe betrat. Die neue Kindergartentasche baumelte vor seinem Bauch. Er hatte es so eilig, dass sein dicker Windelhintern hin- und herwackelte. Er blickte nicht einmal zurück. Und ich stand da, mit einem zwiespältigen Gefühl: einerseits glücklich über die Freude meines Kindes. Aber auch ein bisschen verlassen.

glaubte Verhaltensweisen praktiziert. Gerade hat unser Sprössling noch allein gespielt, nun geht plötzlich nichts mehr ohne Mama und Papa. Wollte er vor fünf Minuten noch mit dem Babysitter auf den Spielplatz, will er auf einmal doch lieber zu Hause bleiben.

Wir können von unseren Kindern vieles lernen – wie herrlich Pfützen sind, wie gut Butterbrote schmecken, wie spannend eine Busfahrt ist. Aber vor allem lernen wir von ihnen, dass das Leben in dauernder Veränderung begriffen ist.

Die vier edlen Wahrheiten im Buddhismus

»Alles ist vergänglich und deshalb leidvoll.«
Buddha

Wir erleben mit unseren Kindern die schönsten Augenblicke unseres Lebens, aber auch die schrecklichsten. Weil sie uns an unsere physischen und psychischen Grenzen bringen, weil sie uns mit schmerzlichen Erinnerungen an unsere eigene Kindheit konfrontieren, weil sie es schaffen, uns in Verwirrung, Wut und Angst zu versetzen, weil sie uns durch ein Wechselbad der Gefühle schicken. Vor allem aber, weil sie uns als kleine Zen-Meister grundlegende Lektionen über das Leben erteilen.

Der Kern der buddhistischen Lehre sind die sogenannten vier edlen Wahrheiten, die sich mit dem Leiden im Leben beschäftigen. Der Legende zufolge sah sich Buddha, damals noch ein überaus behüteter junger Prinz, eines Tages mit der Realität des Lebens und dem Leiden der Menschheit konfrontiert. Die Begegnung mit einem Greis, einem Fieberkranken, einem verwesenden Leichnam und einem Mönch ließen ihn die Sinnlosig-

✍ *Stefan Rieß*

Wechselbad der Gefühle

Gerade hat Finn einen wunderschönen Turm aus Bauklötzen gebaut. Aufgeregt ruft er: »Papi, schau mal. Großer Turm!« Dann will er noch einen Stein draufpacken, der Turm stürzt ein, wütend greift Finn nach den Bausteinen und wirft sie durch die Gegend. Finn erlebt solche frustrierenden Momente wie jedes andere Kind mehrmals am Tag: Papi nimmt ihn nicht auf den Arm, um ihn die Treppe hochzutragen; andere Kinder lassen ihn nicht mitspielen; statt der erwarteten Schokolade gibt es nur einen Apfel. Alles Vorkommnisse, die ihn unzufrieden machen.

Uns Eltern geht es nicht anders: Ich will die Zeitung zu Ende lesen, aber Finn möchte jetzt lieber, dass ich ihm ein Boot male. Das kann bei mir (und wahrscheinlich nicht nur bei mir ...) Unzufriedenheit erzeugen. Unzufriedenheit hat die unangenehme Begleiterscheinung, dass sie sich aufschaukeln kann – nämlich dann, wenn meine Unzufriedenheit bei Finn das gleiche miese Gefühl erzeugt. Das kann ganz schnell passieren, auch wenn man beste Absichten hat.

Ein Beispiel: Finn will unbedingt mit der Gabel essen. Mühevoll spießt er seine Kartoffelstücke auf. Er wird leicht ungeduldig, weil es nicht sofort so klappt, wie er sich das vorstellt. Ich versuche ihm zu helfen, indem ich ihm eine Kartoffel auf die Gabel bugsiere. Leider fällt sie herunter. Und das bringt das Fass zum Überlaufen. Mit einem kurzen Schrei fliegt die Gabel auf den Boden. Finn hat jetzt keine Lust mehr auf Kartoffeln und will überhaupt nichts mehr essen. Er ist von seinem Scheitern frustriert, ich bin frustriert, weil es mir nicht gelungen ist, ihm zu helfen, und zusätzlich, weil er nun gar nichts mehr essen mag. Dabei wollen wir doch eigentlich weder verärgert noch frustriert noch unglücklich sein ...

keit seines unbeschwerten Lebens hinter Palastmauern erkennen. Er sah, dass Alter, Krankheit und Tod unvermeidliche Stationen im Leben eines Menschen sind; die Begegnung mit dem Mönch ließ ihn aber daran glauben, dass es einen Weg gibt, wie man mit der leidensvollen Wirklichkeit besser umgehen kann.

Seine Erkenntnis ist so modern und allgemeingültig, wie sie immer war: Wie vital, gesund, stark und schön wir auch sein mögen, wir werden alle schwach, hinfällig und wir werden alle sterben. Und auch zuvor wird es in unserem Leben viele Vorkommnisse geben, die dazu führen, dass wir uns nicht immer wohlfühlen – weil wir unzufrieden sind, weil wir uns unzulänglich fühlen, weil wir Angst haben, weil wir uns ärgern, weil wir uns mit jemandem streiten, weil wir uns Sorgen machen, weil uns Schuldgefühle quälen. Selbst wenn man gerade noch glücklich und unbeschwert ist, können einen im nächsten Moment dunkle Gedanken und unangenehme Gefühle heimsuchen.

Leiden gehört zum Leben

So lautet die erste der vier edlen Wahrheiten. Mit »Leiden« sind nicht nur schwere Verletzungen oder bedrohliche Krankheiten, psychische Krisen und Lebensgefahr gemeint. Leiden bezeichnet alle Zustände, in denen wir uns nicht wohlfühlen. Buddha selbst gebrauchte den Begriff »dukkha«, was man mit *Unzufriedenheit* und *Unvollkommenheit* übersetzen kann. Die menschliche Existenz war für ihn unvollkommen und unbefriedigend. Eine Tatsache, der man nicht ausweichen kann. Ein wesentlicher Grund für diese Unvollkommenheit liegt darin, dass sich auf dieser Welt alles zu jeder Zeit ändern kann. Die Vergänglichkeit betrifft alles im Leben – von der Veränderung der kleinsten Zelle bis zum Verlöschen von Sternen, alles ist dauernd in Bewegung. Es gibt nichts, auf das wir uns verlassen können.

Wir können nichts festhalten, obwohl wir uns das häufig wünschen. Wenn wir einen glücklichen Moment erleben, versuchen wir, ihn festzuhalten. Wie süß sieht das Baby in der Wiege doch aus ... Aber irgendwann wird es laufen lernen und von uns weggehen. Es wird groß werden und in gefährliche Situationen geraten. Was uns heute glücklich macht, kann morgen schon nicht mehr da sein. Alles hat ein Ende. Man kann sich von dieser Tatsache zwar ablenken, kann sich Illusionen über dauerhaftes Glück machen, doch das ändert nichts daran, dass jeder irgendwann im Leben unschöne Momente erfahren wird.

Leiden, das kann also Frustration, Unzufriedenheit, Depression, Angst, Sorge sein – alle Befindlichkeiten, die man als unangenehm betrachtet. Doch sie sind aus dem Leben nicht wegzudenken – auch deshalb nicht, weil neben Schmerzen und Demütigungen auch Freude und Glück bereits das Leid in sich tragen, da sie nicht von Dauer sind.

Und das gilt ganz besonders stark für das Leben mit Kindern. Nichts lässt uns mehr leiden, als zu sehen, dass es unserer Tochter oder unserem Sohn nicht gut geht. Am liebsten würden wir jede Gefahr und jedes Problem von ihnen fernhalten. Doch wenn wir darüber nachdenken, wissen wir, dass dies eine unrealistische Wunschvorstellung ist. Unser Kind wird nicht immer der glückliche Junge oder das glückliche Mädchen sein. Es wird hinfallen und sich verletzen, es wird in der Schule gehänselt werden, es wird sich unglücklich verlieben, es wird scheitern. Und wir werden ihm diese negativen Erfahrungen nicht ersparen können. (Wie Eltern mit

Atemtherapie/Yoga: Kurz Luft holen

Mit dieser Übung schaffen Sie Distanz – und Sie kräftigen und reinigen gleichzeitig Ihren ganzen Körper.

- Atmen Sie ein und verschließen Sie mit dem Daumen der rechten Hand den rechten Nasenflügel.
- Atmen Sie durch die linke Nasenhälfte aus. Wieder einatmen.
- Jetzt den linken Nasenflügel mit dem rechten Ringfinger verschließen, kurz den Atem anhalten.
- Öffnen Sie dann den Daumen und atmen Sie durch den rechten Nasenflügel aus.

Im Wechsel wiederholen, und zwar so lange, bis Sie Ihren optimalen Rhythmus gefunden haben und wie Sie sich dabei wohlfühlen.

Sorgen und Ängsten besser fertig werden, lesen Sie im Kapitel »Mit negativen Gedanken und Gefühlen umgehen«, ab Seite 122.)

Leiden entsteht durch Anhaftung oder Begierde

Unzufrieden, unglücklich oder enttäuscht – wie immer man den Zustand auch benennt, in der Regel suchen wir die Ursachen für unangenehme Gefühle nicht in unserer eigenen Person, sondern geben daran »den Umständen« die Schuld. Wir sind verärgert, weil unser Kind das Essen trotz Ermahnungen schon wieder auf den Boden wirft; wir sind frustriert, weil wir keine Gehaltserhöhung bekommen, obwohl wir doch so hart arbeiten; wir kommen uns unzulänglich vor, wenn wir uns mit Stars oder erfolgreichen Menschen vergleichen. Doch das ist nur eine oberflächliche Erklärung. Denn die Gründe für Gefühle der Unzufriedenheit oder Unvollkommenheit liegen nicht in äußeren Umständen oder bei anderen Menschen – sie liegen in uns selbst.

Wir sind Wesen, die von unzähligen Wünschen geleitet werden. Unsere Jagd nach Dingen, die uns Befriedigung und Glück versprechen, kennt kein Ende: Kaum sehen wir unsere dringlichsten Bedürfnisse erfüllt, tauchen sofort wieder neue Wünsche auf. Gerade ist die erste Wohnung komplett eingerichtet, muss bald ein neues Auto gekauft werden, träumen wir von einem Haus mit großem Garten. Wir glauben daran, dass mit jedem erfüllten Wunsch auch unser Glück wächst. Das gilt nicht nur für die Anhäufung von Besitz und Statussymbolen – das kann auch die Beschäftigung mit dem eigenen Aussehen sein oder die Konzentration auf eine strahlende Karriere. Doch egal, was wir uns leisten oder erreichen: Jedes Mal müssen wir feststellen, dass immer noch vieles fehlt, bis wir endlich glücklich sind. Das Glück findet also in der Zukunft statt. Die Chance, jetzt und heute und hier an diesem Ort glücklich zu werden, lassen wir dabei verstreichen.

Die australische Buddhistin Sarah Naphtali schreibt dazu: »Ein Leben ohne Begierde und ohne Anhaftung bedeutet nicht ein Leben ohne Anstrengung oder ohne Wünsche. Das Leiden fängt dort an, wo wir unsere Ziele zu Notwendigkeiten machen, um glücklich zu sein, muss ich dieses oder jenes haben oder machen. Das provoziert Gefühle wie Angst oder Frustration, wenn wir eben nicht bekommen, was wir wollen.«

Das gilt auch für die Kindererziehung. Auch hier sind wir geneigt, bestimmte Forderungen an uns und unsere Kinder zu stellen. Argwöhnisch beobachten wir, ob unser Kind auch die richtigen Entwicklungsschritte zur richtigen Zeit macht. Und malen uns eine rosige Zukunft aus: Alles wird besser, wenn er oder sie erst einmal laufen kann, im eigenen Zimmer schläft, sprechen kann, in den Kindergarten geht ... Oder wir formulieren

✍ *Anne-Bärbel Köhle*

Der Ehrgeiz der Eltern

Werden sie den Übertritt von der Grundschule aufs Gymnasium schaffen? Viele Väter und Mütter, deren Kinder zum Beispiel in eine Schule in Bayern oder Baden-Württemberg gehen, stellen sich diese Frage. Wenn die Kleinen nicht einen Mindestschnitt von 2,3 in den Hauptfächern erreichen, haben sie nahezu keine Chance, an einer höheren Schule aufgenommen zu werden. Das Rennen um die Einser und Zweier beginnt meist schon ab der zweiten, dritten Klasse, dann also, wenn die Kinder gerade mal acht Jahre alt sind.

Ich kann mich an diese Jahre bei meinen Söhnen und an die zwiespältigen Gefühle, die damit einhergingen, gut erinnern. Auch ich wollte für eine gewisse Zeit partout, dass sie den Übertritt schafften. Einen Akademiker zum Vater, eine Akademikerin zur Mutter: Da wäre es ja gelacht, wenn die Kinder nicht auch diesen vorgezeichneten intellektuellen Weg gingen. Kurz gesagt, ich geriet in die Leistungsspirale, in der auch die anderen Eltern herumwirbelten. Einerseits sollten die Kleinen eine glückliche, unbeschwerte Kindheit genießen. Andererseits ging es jetzt um ihre Zukunft. Wenn sie den Übertritt aufs

Gymnasium nicht schaffen, können sie vielleicht später keine Universität oder Fachhochschule besuchen.

Irgendwann wurde mir klar, wie weit ich bereits in die Zukunft meiner Kinder vorausdachte. Dabei wissen wir ja nicht einmal, was in der nächsten Minute passiert. Wie also wollen wir dann ernsthaft Jahrzehnte eines Kinderlebens durchplanen? Und noch etwas wurde mir klar: Ich plante ehrgeizig für meine Kinder, ohne die geringste Ahnung zu haben, ob dies ihrem inneren Wesen überhaupt entspricht.

ganz klare Erwartungen: »Mein Kind kann bestimmt schon mit einem Jahr laufen«, oder: »Ich will, dass es mit zwei Jahren bereits komplette Sätze spricht.« Viele Eltern entwerfen bereits sehr früh ein Lebensprogramm für ihre Kleinen: »Mein Kind muss es einmal besser haben als ich«, oder: »Ich will, dass mein Kind Popstar, Sportler oder Wissenschaftler wird.« Entpuppen sich diese Erwartungen als Illusionen, ist man enttäuscht, und, was noch schlimmer ist: Man hat seine Zeit mit nutzlosen Vorstellungen verbracht, anstatt die Gegenwart zu genießen.

Begierde und Anhaftung resultieren für Buddha aus unserem Glauben an ein unveränderliches Selbst. Dieses

Ego ist ständig auf der Suche nach Genuss und auf der Flucht vor Schmerzen. Erst wenn man dieses Bild von sich selbst aufgibt, kann man Begierde und Anhaftung überwinden. Das mag für viele Menschen hoffnungslos klingen, ist es aber nicht. Wie die dritte der edlen Wahrheiten beweist.

Es ist möglich, sich vom Leiden zu befreien

Die Befreiung vom Leiden geschieht im Zustand der Erleuchtung, wenn unser Denken frei von allen Vorstellungen, Gefühlen und Bindungen ist. Sobald wir aufgehört haben, uns abzulenken, erkennen wir die Wahrheit und sind erfüllt von Mitgefühl und Liebe. Jeder Einzelne kann diese Erleuchtung finden. Der Weg zur Erleuchtung führt für die Buddhisten vor allem über die Meditation, mit der wir uns im Kapitel »Meditieren im Alltag mit Kindern« (ab Seite 110) eingehender beschäftigen werden.

Wenn Sie mehr über Erleuchtung wissen wollen, müssen wir Sie an dieser Stelle auf andere Autoren verweisen (siehe Literatur am Ende des Buches), oder Sie wenden sich an ein buddhistisches Zentrum in Ihrer Nähe. Denn für unsere Zwecke ist es nicht notwendig, dass Sie Tage oder Wochen in einem buddhistischen Retreat im Lotos-Sitz verbringen. Wir empfehlen eine leichte Form der Meditation, die Sie bei allen Gelegenheiten durchführen können – auf dem Spielplatz, im Haushalt, beim Warten an der Bushaltestelle, auf dem Weg zur Arbeit oder zur Kinderkrippe (siehe Seite 114).

Es gibt einen Weg, das Leiden zu beenden

Die vierte der edlen Wahrheiten weist den Weg zu einer dauerhaften Beendigung des Leidens. Dazu muss man den sogenannten achtfachen Pfad einschlagen und sich üben in 1. rechter Erkenntnis, 2. rechter Gesinnung, 3. rechter Rede, 4. rechtem Tun, 5. rechtem Lebensunterhalt, 6. rechter Anstrengung, 7. rechter Achtsamkeit und 8. rechter Konzentration.

Wie Sie sich bestimmt vorstellen können, ist das ein Programm, das viele Jahre dauert. Das Leiden zu beenden ist eine Lebensaufgabe. Deshalb sollen an dieser Stelle nur kurz die einzelnen Punkte verständlich gemacht werden.

Zuerst einmal müssen wir die Weisheit erlangen, das Leben als das zu erkennen, was es ist: veränderlich und unvollkommen (rechte Erkenntnis). Dann müssen wir beschließen, Anstrengungen zu unternehmen, um negative Gedanken und Gefühle zu überwinden (rechte Gesinnung). Das erfordert, dass man bestimmte moralische Prinzipien ernst nimmt: Man soll nicht lügen oder andere Menschen beleidigen oder demütigen (rechte Rede), niemanden verletzen oder schädigen (rechtes

Tun) und auf anständige Weise sein Leben bestreiten (rechter Lebensunterhalt). Die letzten drei Punkte (Geistestraining) beziehen sich auf die Meditation.

Die buddhistischen Weisheiten im Alltag mit Kindern

Wie kommen wir nun als Eltern auf den Weg der buddhistischen Weisheit? Lässt sich das Dalai-Lama-Prinzip für westliche Väter und Mütter überhaupt realisieren? Wir finden, ja.

Denn wir sind eins. Kinder sind der Spiegel unserer Seele, unserer Gedanken, unserer Gefühle, unserer Meinungen und Einstellungen. Wir sind gegenseitig voneinander abhängig. Wenn wir leiden, leiden unsere Kinder. Wenn unsere Kinder leiden, dann leiden auch wir. Das kann schnell ein richtiger Teufelskreis werden.

Kinder verhalten sich nun mal nicht so, wie wir Erwachsene uns das vorstellen. Reagiert man darauf mit Unverständnis oder Desinteresse, psychischer oder gar physischer Gewalt, eskaliert die Situation. Ging es anfangs noch um harmloses Verschütten von Wasser oder Bemalen der Wände, kommt es in der Folge zu lauten Worten, Beschimpfungen oder dem Verweisen aus dem Raum. Um Konflikte dieser Art zu vermeiden, ist es zunächst einmal wichtig, dass Eltern verstehen, wie man diese kritischen Situationen erkennt, wie man mit ih-

Shiatsu: Das Baby willkommen heißen

Mit diesem Griff zeigen Sie Ihrem Baby, dass es auf der Welt und in Ihrer Familie willkommen ist.

- Setzen Sie sich gemütlich auf den Boden, den Rücken können Sie anlehnen, die Beine winkeln Sie leicht an.
- Legen Sie Ihr Baby nun so auf Ihre Oberschenkel, dass Sie beide sich ansehen.
- Berühren Sie mit den Handballen sanft den Bereich unterhalb des Schlüsselbeins Ihres Babys und lassen Sie die Hände ein bis zwei Minuten dort ruhen.

Shiatsu ist eine sanfte Massagetechnik aus Asien, die Eltern ganz leicht anwenden können – und sie ist wie geschaffen für Babys, denn die Kleinen genießen die Berührungen und erfühlen so, wie gut wir es mit ihnen meinen.

nen umgeht und wie man dabei möglichst ruhig, gelassen und freundlich bleibt. Natürlich müssen wir Eltern damit anfangen: Denn wie sollte unser Kind lernen, ruhig, gelassen und freundlich zu sein, wenn wir es selbst nicht sind?

Die Anstrengungen, die wir dafür unternehmen müssen, lohnen sich. Denn geht es uns gut, geht es auch unseren Kindern gut. Wenn unsere Kinder spüren, dass wir sie verstehen, uns in sie einfühlen, dann fühlen sie sich aufgehoben. Selbst wenn wir ihnen Grenzen setzen müssen und sie dadurch notgedrungen frustrieren, spürt das Kind dann, dass wir seine Bedürfnisse ernst nehmen. Unser Kind merkt, dass wir eine einfühlsame Grundhaltung besitzen. Und es wird selbst Einfühlsamkeit entwickeln.

Das Dalai-Lama-Prinzip hat einen großen Vorteil: Es funktioniert im Alltag, in jeder Sekunde, die man mit seinen Kindern verbringt, wenn man entsprechend achtsam ist. Es erfordert meist noch nicht einmal viel Kraft oder Aufwand. Sondern gelegentlich einfach nur einen etwas anderen Blick fürs Leben. Und der lässt sich lernen.

Achtsam sein

»Laufe nicht der Vergangenheit nach und verliere dich nicht in der Zukunft. Die Vergangenheit ist nicht mehr. Die Zukunft ist noch nicht gekommen. Das Leben ist hier und jetzt.« Buddha

Auf Körperempfindungen und Sinneswahrnehmungen achten

Achtsam sein hat viel mit Konzentration und Aufmerksamkeit zu tun. Sarah Naphtali sagt: »Achtsamkeit ist die Aufmerksamkeit allem gegenüber, was der gegenwärtige Moment beinhaltet: unsere Körperempfindungen, unsere Gefühle, Wahrnehmungen, Annahmen und Neigungen.«

Warum spielt das gerade in der Kindererziehung eine so große Rolle? Wenn wir einmal genau auf unsere Körperempfindungen achten – Sind die Muskeln locker oder verspannt? Halte ich mich gerade oder schief? Geht mein Puls schnell oder langsam? Atme ich ruhig

✍ *Stefan Rieß*

Bewusste Zeit – sinnvolle Zeit

Seitdem Finn auf der Welt ist, versuche ich mit meiner Zeit auf eine ganz neue Art und Weise umzugehen. Denn ich musste feststellen, dass seit Finns Geburt viel weniger Zeit zur Verfügung steht. Dann habe ich bemerkt, dass das nicht Finns Schuld ist, sondern meine.

Früher schien mir die Zeit aus verschiedenen Abschnitten zu bestehen, über die ich frei verfügen konnte. Ein Teil war für meine Arbeit reserviert, ein Teil für meine Frau, ein anderer für alltägliche Erledigungen, der Rest für Dinge und Aktivitäten, die mich interessieren. Doch habe ich dabei oft sehr unbewusst gelebt, indem ich zum Beispiel die Zeit, die ich mit Arbeiten oder mit Abspülen, Staubsaugen oder Aufräumen verbrachte, als notwendiges Übel betrachtete. Das eigentliche Leben, so dachte ich, beginnt erst dann, wenn ich mich den angenehmen Seiten des Lebens zuwende. Also hatte ich die Angewohnheit, mich ständig mit etwas zu beschäftigen, mit meinen Gedanken war ich aber, während ich eine Sache erledigte, schon bei der nächsten. Und nie bei dem, was ich gerade tun sollte oder wollte.

Das mache ich seit einiger Zeit nicht mehr. Denn es ist alles meine Zeit: Wenn ich mit Finn auf dem Spielplatz bin, mache ich diese Stunden auch zu meinen eigenen. Ich versuche, ganz bewusst mit ihm zusammen zu sein und Interesse an seinen Aktivitäten zu entwickeln. Genauso geht es mir, wenn ich abspüle oder irgendetwas anderes mache. Ich konzentriere mich, die jeweilige Sache so bewusst wie möglich zu tun.

Jetzt werden Sie sich vielleicht fragen, wie man so banalen Angelegenheiten so viel Aufmerksamkeit widmen kann. Aber genau das ist der springende Punkt! Die Tatsache, dass ich zum Beispiel mit Finn im Karussell sitze, ist die wunderbare Wirklichkeit. Sie findet hier und jetzt statt. Ich bin ganz ich selbst, es gibt keine Vergangenheit und keine Zukunft. Ich bin mir meiner Gedanken und Gefühle, Worte und Handlungen völlig bewusst. Ich erlebe Zeit auf eine ganz neue Weise. Natürlich könnte ich mit Finn im Sandkasten (oder im Kinderzimmer) sitzen und denken, wie sinnlos das Spielen mit Förmchen und Bauklötzen doch ist. Aber es ist eben alles andere als das: Es ist sinnvoll, weil ich Finn damit glücklich mache. Und wenn für mich Sinn darin liegt, dass Finn glücklich ist, dann erlebe ich auch die Zeit, die ich mit dieser Beschäftigung verbringe, vollkommen neu.

und tief oder schnell und flach? –, wird uns bewusst werden, dass viele Gründe, warum wir uns in einer Situation schlecht fühlen, nicht bei unseren Kindern (oder unserem Partner, unseren Eltern oder sonst wo in der Außenwelt) liegen, sondern in uns selbst. Denn unser Befinden folgt seinen eigenen Rhythmen: Wenn wir gut geschlafen haben und entspannt aufwachen, können uns die tollsten Kapriolen unserer Kinder nichts anhaben. Sind wir dagegen angespannt, müde oder hungrig, verzweifeln wir schnell, wenn Dinge nicht so laufen, wie wir uns das vorstellen.

Auf der anderen Seite merken wir dann, dass Gedanken und Gefühle wiederum einen entscheidenden Einfluss auf den Körper haben: Wenn wir mit unserem Kind in Streit geraten, legen wir nicht nur die Stirn in Falten und spannen bestimmte Muskeln an, es kann auch sein, dass sich der Magen verkrampft und die Atmung hektischer geht. Manchmal hilft es schon, sich das einfach bewusst zu machen. Die betroffenen Muskeln anzuspannen und wieder locker zu lassen. Tief ein- und auszuatmen und sich wieder zu beruhigen.

Achtsamkeit erstreckt sich nicht nur auf das Körperempfinden. Wenn man das Leben vollständig erfassen will, muss man auch seine sinnliche Wahrnehmung schärfen. Wie oft sind wir unkonzentriert und haben unsere Sinne regelrecht »abgeschaltet«. Dabei wären wir eigentlich in der Lage, eine Vielzahl verschiedener Töne zu hören, selbst die kleinsten Details einer Land-

Yoga: Geborgenheit finden

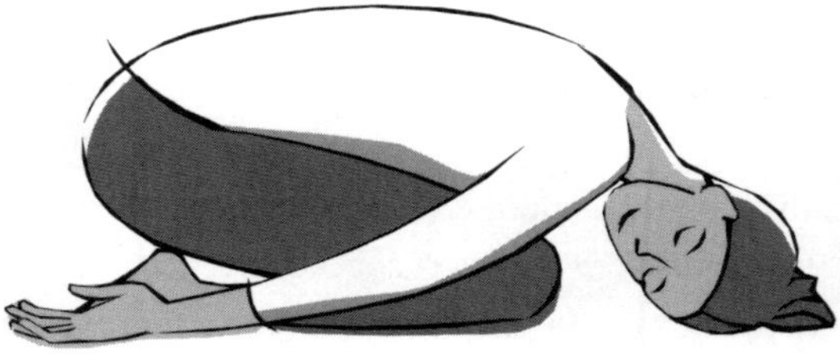

Die Übung sorgt dafür, dass Sie sich geborgen fühlen und die Atmung besser fließt. Schmerzen im Rücken und in den Schultern werden gelindert.

- Setzen Sie sich auf die Knie und Unterschenkel.
- Machen Sie sich klein und legen Sie Ihren Kopf sanft ab. Die Ruhe überträgt sich auf den ganzen Körper.
- Entspannt ein- und ausatmen, in den Körper hineinspüren.

Garbhasana – so heißt im Yoga diese Stellung des Kindes.

schaft zu sehen, ganz bewusst zu fühlen, wie wir frieren oder schwitzen, alle möglichen Düfte und Gerüche zu registrieren.

Gefühle und Gedanken bewusst wahrnehmen

Auch auf unsere Gedanken und Gefühle sollten wir immer wieder unsere Aufmerksamkeit richten. Denn wir neigen dazu, uns häufig von unseren Gefühlen überrollen zu lassen oder beständig über die gleichen Gedanken zu grübeln. Manchmal pendeln die Gedanken ziellos hin und her, wie ein kleiner Affe oder ein junger Hund springt der Geist von einer Sache zur anderen, ohne bei einem Punkt zu bleiben. Gerade hat man noch über die Auseinandersetzung mit dem Kollegen vom Vortag nachgedacht, da ist man schon dabei, eine Liste mit Einkäufen im Kopf zu schreiben, bevor man sich ausmalt, was man am nächsten Tag mit seinem Kind unternehmen könnte. Doch das Leben findet weder in der Vergangenheit noch in der Zukunft statt, sondern genau jetzt. Und hier.

Es gibt aber noch einen weiteren Grund, sich intensiv mit dem, was man denkt, zu beschäftigen: Gedanken haben Konsequenzen. Manchmal reicht ein ganz unscheinbarer, kleiner Gedanke aus, dass es uns – und vielleicht unserem Partner oder unseren Kindern – schlecht geht. Manchmal genügt schon ein leichtes Un-

✍ *Stefan Rieß*

Abschalten erlaubt

Wir Erwachsenen haben gelernt, dass unsere Tätigkeiten nützlich, sinnvoll und effektiv sein müssen. Wenn ich nun zum wiederholten Mal das weiche Schaf im Fühlbuch gestreichelt habe und Finn erneut freudig ruft: »Noch mal!«, stellt das meine Achtsamkeit zugegebenermaßen auf die Probe. Denn jetzt würde ich doch gerne auch einmal etwas anderes machen. Kinder jedoch lernen vor allem durch Wiederholungen und sind deshalb nicht so leicht zu ermüden wie wir. (Wir dürfen nicht vergessen, dass viele Eindrücke für Kinder absolut neu sind.)

Doch keine Sorge: Hin und wieder ist Abschalten erlaubt. Wenn wir ab und zu in Gedanken ganz woanders sind, während wir gerade etwas mit unserem Kind unternehmen, ist das kein Problem. Schließlich wollen sich Kinder auch immer mal alleine beschäftigen, und dabei sind sie gar nicht so darauf erpicht, dass ihre Eltern dauernd auf sie eingehen.

behagen, dass aus einer Nebensächlichkeit ein Problem wird. Vielleicht haben wir am Tag zuvor viel gearbeitet. Jetzt verspüren wir den innigen Wunsch, einfach auszuspannen und einmal gar nichts zu tun. Das geht aber nicht, schließlich will unser Kind genau jetzt dieses oder jenes von uns.

Unmerklich taucht da der Gedanke auf: »Ach, wie schön wäre es, ein Wochenende ohne Kind zu verbringen.« Mit diesem Gedanken gehen wir ins Bett. In der Nacht weckt uns unser Kind auf, weil es schlecht träumt. Das verstärkt unseren Gedanken noch. Am nächsten Morgen sind wir unausgeschlafen und gereizt, beeilen uns, um das Kind in die Krippe zu bringen. Es will sich aber nicht anziehen lassen, wir laufen genervt hinter ihm her. Es schreit und wehrt sich, wir schreien zurück. Die Stimmung wird immer gereizter. Dabei sind wir uns doch im Klaren darüber, dass böse Worte oder lautstarkes Schimpfen nicht einfach zurückgenommen werden können.

Natürlich können wir uns in einer solchen Situation entschuldigen, unser Verhalten erklären oder das Kind trösten. Doch was geschehen ist, ist geschehen. Wesentlich besser ist es, gleich wenn ein Gedanke entsteht, diesen bewusst wahrzunehmen und sich mit ihm auseinanderzusetzen. »Ich möchte ein Wochenende ohne mein Kind verbringen.« Viele Eltern werden diesen Wunsch sofort verdrängen oder sich Vorwürfe machen: Was bin ich doch für ein Rabenvater oder eine Rabenmutter, die sich wünscht, ohne ihr Kind zu sein!? Doch es ist wichtig, alle Gedanken, die in uns entstehen, zuzulassen und sie genau anzuschauen: Will ich das wirklich oder ist es nur eine momentane Laune? Warum will ich

Shiatsu: Zur Ruhe kommen

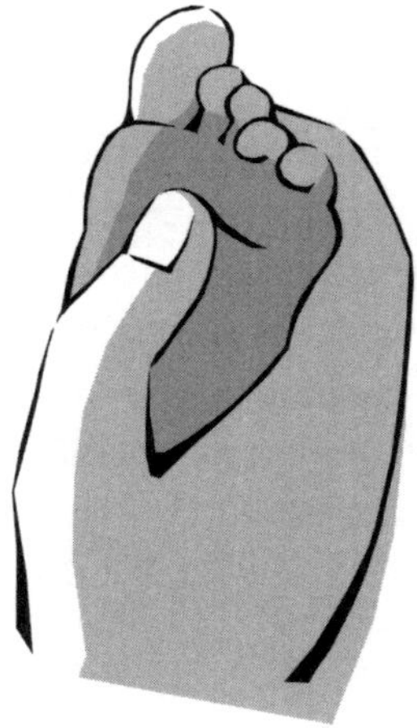

Das ist ein wahrer Zaubergriff, mit dem sich sogar völlig aufgedrehte Babys beruhigen lassen, die nicht aufhören wollen zu schreien.

- Drücken Sie für ein bis zwei Minuten mit dem Daumen in die Vertiefung der Fußsohle Ihres Babys.
- Danach am anderen Füßchen wiederholen.

das? Wie wäre es, wenn sich der Wunsch erfüllen würde? Wie geht es meinem Partner dabei? Wie meinem Kind?

Der springende Punkt ist nicht, dass Sie Ihre Gedanken beurteilen oder bewerten – es gibt keine richtigen oder falschen Gedanken oder Gefühle. Es geht nur darum, diese ganz bewusst wahrzunehmen. Denn das ist die beste Voraussetzung, um solche Gedanken und Gefühle auszuhalten und zu beherrschen. Und wenn man gelernt hat, die eigenen Emotionen auszuhalten, dann kann man auch die Emotionen seiner Kinder (oder anderer Menschen) aushalten.

Der Weg zu mehr Achtsamkeit

Alles, was in uns und in unserer Umgebung passiert, lässt sich zum Training unserer Achtsamkeit benutzen. Achtsam sein lässt sich in jeder Situation, zu jeder Zeit, an jedem Ort üben. Zum Beispiel beim Abspülen: auf die Bewegungen der Hände achten, die Temperatur des Wassers empfinden, registrieren, wie man einen Teller greift, abwäscht, abtrocknet, in den Schrank stellt. Nichts anderes ist im Moment wichtiger als das, was man gerade macht – Sie spülen zwar nur das Geschirr, aber das ist für Sie gerade die wichtigste und interessanteste Tätigkeit auf der Welt. Das lässt sich ebenso beim Staubsaugen, beim Aufräumen, beim Fensterputzen praktizieren.

Noch viel besser geht es, wenn man mit seinen Kindern spielt – auf dem Spielplatz, auf der Rutsche, im Sandkasten. Bewusst spüren, wie weich der Sand unter den Füßen ist und wie er sich in den Händen anfühlt. Bewusst hören, egal ob es die Vogelstimmen sind (oder der Verkehrslärm) oder die Geräusche, die die Kinder machen. Bewusst die unterschiedlichen Farben der Spielzeuge betrachten. Jeden Lufthauch auf dem Körper spüren. Das Eis schmecken, das Sie sich und Ihrer Tochter oder Ihrem Sohn gerade gekauft haben. Im Alltag mit Kindern begreifen, wie einzigartig jeder Moment ist.

Die Realität sieht aber häufig anders aus. Oft gehen wir eher automatisch mit anderen um. Wir hören nicht richtig hin, fühlen uns nicht in sie hinein, glauben zu wissen, was sie denken, wollen oder brauchen. Gerade unseren Kindern gegenüber sind wir manchmal nicht aufmerksam genug. Dabei ist gerade für sie besonders wichtig, dass wir die Zeit, die wir mit ihnen teilen, bewusst verbringen. Ihnen zuhören, uns in ihren kleinen Kopf hineindenken, zu verstehen versuchen, was in ihnen vorgeht, und auch immer wieder überprüfen, was wir ihnen gerade vorleben. Denn Kinder spüren deutlich, ob wir uns ihnen aufmerksam widmen oder mit unseren Gedanken ganz woanders sind. Sie haben dafür sehr empfindliche Antennen.

Achtsamkeit im Alltag mit Kindern praktizieren

Man kann nicht einfach beschließen, achtsamer zu sein. Aber man kann es lernen – genauso wie man eine Fremdsprache oder eine Sportart lernen kann. Es setzt allerdings eines voraus: bereit zu sein, immer wieder Achtsamkeit zu praktizieren. Der vietnamesische buddhistische Mönch Thich Nhat Hanh drückt das so aus: »Wenn du gehst, sei dir bewusst, dass du gehst. Wenn du sitzt, sei dir bewusst, dass du sitzt. Wenn du dich hinlegst, sei dir bewusst, dass du liegst. Egal, in welcher Haltung sich dein Körper befindet, sei dir dieser Haltung bewusst.«

Doch mit der Haltung allein ist es nicht getan. Wir sollten uns jedes Atemzugs, jeder Bewegung, jedes Gedankens und jedes Gefühls bewusst werden. Ebenso all dessen, was in irgendeiner Beziehung zu uns steht. Das gilt auch für körperliche Aktivitäten wie für geistige Beschäftigungen, zum Beispiel Schreiben oder Lesen. Selbst vermeintlich sinnlosen Tätigkeiten wie Warten, im Stau Stehen oder Ähnlichem lässt sich auf diese Weise Positives abgewinnen.

Im Alltag mit Ihren Kindern werden Sie reichlich Gelegenheit haben, Achtsamkeit zu üben und zu praktizieren.

Vier beispielhafte Szenarien:

✍ *Stefan Rieß*

Auf Körper und Sinne konzentrieren

Wenn ich mit Finn auf dem Spielplatz bin und nicht gerade vollkommen damit beschäftigt, ein Karussell zu drehen oder aufzupassen, dass er nicht vom Klettergerüst fällt, mache ich verschiedene kleine Meditationen oder Achtsamkeitsübungen.

Ich konzentriere mich auf meinen Körper: Sind meine Nackenmuskeln angespannt oder locker, wie sieht es mit dem Rücken aus, wie mit den Beinen. Ich gehe von Kopf bis Fuß langsam durch meinen Körper. In der Regel ist das in wenigen Minuten zu machen.

Oder ich konzentriere mich auf einen bestimmten Sinn, zum Beispiel auf das Hören: Ich nehme ganz bewusst die Geräusche auf dem Spielplatz wahr – vom Straßenverkehr über die Stimmen der Kinder bis zum Rauschen des Windes in den Bäumen.

Oder ich versuche die Farben in mich aufzunehmen – das leuchtende Rot der Plastikeimer, das knallige Gelb der Gummistiefel, das bunt gefärbte Laub.

Stefan Rieß

Negative Gefühle erkennen – und aushalten

Mir geht es wie vielen anderen Eltern. Bin ich guter Laune, ausgeschlafen und entspannt, kann Finn anstellen, was er möchte – er wird mich so schnell nicht aus der Ruhe bringen. Doch oft bin ich eben nicht so entspannt und ausgeglichen. Dann können mich schon kleine Vorkommnisse leicht aus der Fassung bringen.

Wenn das passiert, ist man geneigt, den Ärger entweder einfach rauszulassen oder sofort (Achtung, negatives Gefühl!) zu unterdrücken. Beide Reaktionen sind nicht optimal. Ersteres kann die Situation noch weiter verschärfen. Das Unterdrücken des Ärgers funktioniert nicht wirklich – das Gefühl wird an anderer Stelle wieder nach oben kommen. Deswegen versuche ich zunächst einmal ganz genau nachzuvollziehen, was ich fühle und warum ich das fühle – ohne es zu bewerten. Denn, wie zuvor gesagt: Erst wenn ich meine eigenen Gefühle aushalten kann, kann ich auch die Gefühle anderer Menschen aushalten.

✍ *Stefan Rieß*

Die Eigenständigkeit des Kindes akzeptieren

Wie schon erwähnt, hatte ich vor Finns Geburt so einige Illusionen. Eine davon war zum Beispiel die Vorstellung, ein Kind sei so etwas wie ein unbeschriebenes Blatt, das sich am Verhalten seiner Eltern orientiert und alles nachmacht, was wir gerne machen. Weit gefehlt. Finn ist eine Persönlichkeit, die ganz bestimmte Wünsche, Vorstellungen, Bedürfnisse und Gefühle hat. Natürlich sind die den meinen ähnlich – so wie die Gefühle anderer Menschen immer unseren eigenen Gefühlen ähnlich sind. Aber es gibt von Geburt an gewisse Eigenarten, die meinen Sohn von mir, meiner Frau oder anderen Kindern unterscheiden.

Claudia und ich gehen zum Beispiel gerne schwimmen. Wie habe ich mich darauf gefreut, mit Finn im Sommer ins Schwimmbad zu gehen. Aber mit welchen Tricks ich auch versuchte, ihn ins Wasser zu locken – ich hatte keine Chance. Misstrauisch untersuchte Finn das nasse Element und hielt sich lieber am Rand des Beckens auf.

Inzwischen habe ich begriffen: Ich darf nicht davon ausgehen, dass Finn automatisch etwas gerne tut, was mir gefällt. Sondern ich muss genau zuhören, hinschauen und mich in ihn hineinfühlen, um herauszufinden, was Finn tatsächlich möchte oder braucht. Gerade bei einem Zweijährigen ist das ungemein wichtig. Schließlich will er sich die ganze Zeit mitteilen. Andererseits kann er Dinge, Tätigkeiten und Absichten noch nicht genau benennen, oft fehlen ihm die richtigen Wörter, oder er schafft es nicht, sie so auszusprechen, dass ich ihn verstehe. Manchmal gelingt es mir zu erraten, was mein Sohn gerade möchte oder mir zeigen will. Und dann sehe ich, wie bei ihm die Frustration der Freude weicht.

✍ *Stefan Rieß*

Die Sichtweise ändern

Bevor Finn geboren wurde, hatten wir uns das Leben recht bequem eingerichtet. Mit ganz bestimmten Verhaltensweisen, die man sich über die Jahre aneignet, kann man den Alltag mit seinen vielfältigen Herausforderungen gut bestreiten. Das bringt natürlich mit sich, dass die Einstellungen sich verfestigen und man vieles immer wieder auf die gleiche Weise macht. Seit Finn da ist, gerate ich in eine Reihe ganz neuer Situationen bzw. erlebe ich altgewohnte Gegebenheiten wieder ganz neu, weil mein Sohn eine völlig neue Sichtweise ins Spiel bringt.

Ein Restaurantbesuch mit ihm ist eben ganz anders als ein Restaurantbesuch zu zweit. In der Regel ist er anstrengender. Wenn Finn also durch das Restaurant flitzt und um keinen Preis auf seinem Stuhl sitzen und etwas essen will, wenn weder meine Frau noch ich eine Chance haben, unser Essen zu genießen (zumindest nicht zusammen), und wir die indignierten Blicke der anderen Gäste spüren, habe ich früher genervt reagiert und es war mir peinlich.

Heute versuche ich daraus etwas zu lernen: Wie Finn, ich, meine Frau, die anderen Gäste mit dieser Situation umgehen. Dass sich hinter vermeintlich genervten Mienen durchaus Kinderliebe verbergen kann. Dass es manchmal sehr schön sein kann, während des Essens aufzustehen und aus dem Lokal zu gehen, um etwas Ungewöhnliches anzuschauen, das Finn mir zeigen will (beispielsweise im Boden eines Brunnens versteckte Lampen ...).

Zugegebenermaßen schaffe ich es nicht, aus jeder Situation das Beste zu machen, aber mit ein bisschen Humor und Geduld lassen sich viele schwierige Situationen mit Kindern von einem anderen Blickwinkel betrachten und in ihr Gegenteil verkehren.

Der Lohn von Achtsamkeit: mehr Zeit und weniger Stress

Vielleicht sagen Sie jetzt: Das klingt ja alles gut und schön. Aber wann sollen Sie denn die Zeit finden, Achtsamkeit zu trainieren? Schließlich sind Sie alleinerziehend, oder Sie haben nicht nur ein Kind, sondern zwei und obendrein einen anstrengenden Job, der aber längst nicht so viel einbringt, dass Sie jeden Tag zum Essen gehen könnten. Der Kühlschrank muss also auch noch gefüllt, Wäsche gewaschen, gekocht und abgespült werden – das ganz normale Programm eben. Wenn das Baby gerade gestillt ist, muss die ältere Tochter in den Kindergarten. Wenn Sie wieder zu Hause sind und das Baby gerade schläft, machen Sie rasch ein paar dringende Telefonate oder räumen das Chaos des vergangenen Tages auf. Vielleicht ist da auch noch eine pflegebedürftige Mutter (oder ein Vater), um die Sie sich kümmern müssen.

Wo soll da noch Zeit für Achtsamkeitsübungen sein, fragen Sie? Das sei doch nur etwas für Menschen, die sowieso schon genug Unterstützung durch andere haben, meinen Sie. Sie müssten sich ständig auf mehrere Sachen konzentrieren – bei Ihrer geringen Zeit ginge es nun mal nur mit Multitasking, sagen Sie.

Das stimmt schon, aber wir dürfen nicht vergessen, dass aufmerksames und bewusstes Denken und Tun zu einem völlig neuen Zeiterleben beitragen kann. Gerade wenn man wenig Zeit hat, ist es umso notwendiger, das Beste aus den vielen als sinnlos oder anstrengend empfundenen Beschäftigungen herauszuholen. Wenn wir uns auf ganz einfache Tätigkeiten konzentrieren und diese in ihrer Gesamtheit zu erfassen versuchen, merken wir, wie viel uns entgeht, wenn wir Dinge nur achtlos erledigen. Dafür reichen zur Not auch wenige Minuten am Tag. Wenn Sie es vielleicht auch nicht schaffen, sich vollkommen zu konzentrieren, so werden Sie doch feststellen, dass dieses neue Erleben von Tätigkeit und Zeit dazu führt, dass Sie sich weniger gestresst und angespannt fühlen als zuvor.

Sie sehen also, dass das Training der Achtsamkeit einen doppelten Effekt hat. Zum einen können Sie kritische Situationen, negative Gedanken oder unerwünschte Gefühle schon beim Entstehen wahrnehmen. Sie werden nicht plötzlich von unangemessenen Ereignissen überrollt, aus denen Sie vielleicht keinen Ausweg finden. Zum anderen werden Sie mit der Zeit ruhiger und entspannter, was das Entstehen von unangenehmen Situationen oder Gefühlen unwahrscheinlicher oder seltener macht.

Hat man seine Wahrnehmung auf diese Weise geschärft, ist man besser gerüstet, auch in schwierigen Lagen und bei Problemen im Alltag mit Kindern mit mehr Gelassenheit zu reagieren.

Gelassen sein

»Lerne loszulassen, das ist der Schlüssel zum Glück.« Buddha

Alle Aspekte des Lebens akzeptieren

Gelassenheit setzt sich aus vielen Elementen zusammen. Der buddhistische Mönch Thich Nhat Hanh hat die wichtigsten beiden Bestandteile dieser Einstellung wie folgt beschrieben: ein allumfassendes Gefühl innerer Ruhe, das sich durch Nicht-Anhaftung und Nicht-Diskriminierung auszeichnet. »Nicht-Anhaftung« ist ein eher ungebräuchliches Wort. Es bedeutet, dass man sein Wohlbefinden nicht davon abhängig macht, ob die eigenen Wünsche oder Vorstellungen in Erfüllung gehen. »Nicht-Diskriminierung« bedeutet, Vorfälle oder die Meinungen anderer Menschen nicht zu bewerten.

Gelassenheit »ist die Fähigkeit, alle Aspekte des Lebens zu akzeptieren und allen Aspekten, das bedeutet natürlich vor allem auch allen Menschen, mit Mitgefühl zu begegnen.« In der Regel tun wir das nicht. Wir reagie-

✍ *Stefan Rieß*

Abwarten ist besser …

Finn klettert auf dem Spielplatz über ein Gerüst auf einen Balken. Finn rennt im Restaurant umher, die anderen Gäste sind genervt, oder man denkt sich, sie seien es. Meine erste Reaktion oder ein erster Gedanke kommt ganz instinktiv. Ich merke, dass ich sofort zum Klettergerüst laufen will, um Finn zu stützen. Schließlich könnte er herunterfallen und sich sehr wehtun. Früher habe ich das auch gemacht, bis mir auffiel, dass Finn sich gerade dann fallen lässt, wenn er weiß, dass ich bei ihm stehe und ihn auffange. Wenn er alleine ist, passt er sehr genau auf, dass ihm nichts zustößt. Bleibe ich gelassen, helfe ich Finn also mehr, als wenn ich ihn mit meiner Sorge bedränge.

Auch wenn Finn im Restaurant, im Bus oder in der Straßenbahn herumtobt, ist mein erster Impuls, ihn zu beschwichtigen oder ihm nachdrücklich zu sagen, dass er jetzt lieber sitzen bleiben soll. Doch was ist hier oft das Ergebnis? Wenn ich ihn in seinem Bewegungsdrang störe, wird er erst recht ungehalten und fängt an zu schreien. Lasse ich ihn dagegen ein bisschen toben oder lenke ich ihn ab, wird früher oder später Ruhe einkehren.

Das kann natürlich eine Zeit lang dauern, und die entnervten Reaktionen unserer Mitmenschen gehen an mir auch nicht spurlos vorüber. Doch ich versuche mir immer wieder klarzumachen, dass ich weder Finn noch die anderen Anwesenden kontrollieren kann – ich kann lediglich versuchen, die unterschiedlichen Bedürfnisse auszugleichen und einen möglichen Konflikt zu entschärfen. Und das geht am besten, wenn ich gelassen bleibe.

ren meist mit unseren gewohnten schnellen Urteilen, den üblichen Verhaltensweisen und Routinen.

Alle Aspekte des Leben akzeptieren – wie soll das gehen? Sie werden vielleicht denken: Ich kann doch nicht akzeptieren, wenn sich mein Kind verletzt. Es ist unmöglich, dass ich mich einfach damit abfinde, wenn mich mein Partner verlässt. Soll ich es etwa achselzuckend hinnehmen, wenn ich meinen Job verliere?

Akzeptieren heißt nicht, alles passiv hinzunehmen. Natürlich werden Eltern immer zu verhindern suchen, dass sich ihre Kinder wehtun. Es ist wichtig, viel Zeit und Energie in Beziehungen zu investieren. Und es macht Sinn, seinen Arbeitsplatz so gut man kann zu verteidigen. Akzeptieren heißt, das Beste aus besorgniserregenden, problematischen, unangenehmen oder schlechten Situationen zu machen. Um dieses Gefühl der Gelassenheit zu entwickeln, benötigen wir die im vorigen Kapitel thematisierte Achtsamkeit, wir brauchen viel Toleranz und wir müssen vor allem loslassen lernen.

Lernen loszulassen

Loslassen wird oft missverstanden. Es ist niemals ein Aufruf zur Verantwortungslosigkeit. Ganz und gar nicht. Loslassen bedeutet, unsere Bedürfnisse nicht auf den anderen zu projizieren. Festgefahrene Meinungen und Verhaltensweisen aufzugeben, wenn wir erkennen, dass sie nicht richtig sind und uns nicht weiterbringen. Nicht zu versuchen, flüchtige Momente festzuhalten. Zu lernen, Geduld zu haben, und Dinge nicht um jeden Preis voranzutreiben.

Das könnte man gerade bei der Kindererziehung zynisch auslegen: Leiden gehört nun mal zum Leben dazu, also lasse ich los und kümmere mich eben nicht um alles, was meine Kinder machen. Doch das widerspricht – Sie erinnern sich? – den moralischen und ethischen Anforderungen des Buddhismus, was rechtes Tun und rechte Rede anbelangt. Loslassen ist keine Aufforderung, seinen Kindern gegenüber gleichgültig zu sein. Im Gegenteil: Loslassen fordert von uns, dass wir unseren Kindern die Möglichkeit geben, die Welt auf ihre Weise zu entdecken, nicht auf unsere. Damit sie das schaffen, sollten wir sie allerdings nicht kontrollieren.

Von übertriebener Sorge frei machen

Kindern gegenüber Gelassenheit zu üben, bedeutet jedoch nicht nur, sie ihren Weg gehen und ihre Erfahrungen machen zu lassen, ihnen die Chance zu eröffnen, die Welt mit ihren eigenen Augen zu sehen. Ganz wichtig ist auch: Wir dürfen ihren Bewegungsdrang nicht behindern, indem wir uns permanent Sorgen machen, dass sie vielleicht irgendwo herunterfallen oder sich anderweitig verletzen könnten. Wir müssen sie ab und zu alleine lassen oder sie bereitwillig einer Krippe oder dem Babysitter anvertrauen. Nur so lernen sie, auch mit anderen Menschen auszukommen.

Selbstverständlich sollten Eltern immer Vorsicht walten lassen: Ist der Spielplatz sicher? Ist die Kinderkrippe wirklich geeignet? Ist der Babysitter die richtige Person? Und auch im Alltag lauern unzählige Gefahren: Oft bleibt einem fast das Herz stehen, wenn man sieht, wie das Kind Richtung Straße läuft oder mit einem Draht in der Steckdose hantiert. Dann ist nicht Gelassenheit und Abwarten, sondern schnelles Handeln gefragt.

Bewertungen vermeiden

Andererseits: Gefahr droht dem Kind nicht dauernd und überall. Oft sind wir als besorgte Eltern zu schnell mit unserem Urteil, ob etwas gefährlich oder schlecht

Massage: Sanftes Handstreicheln für mehr Selbstvertrauen

Diese kleine Massageübung vermittelt Ihrem Kind eine wichtige Botschaft: Wenn Sie es streicheln und zärtlich berühren, zeigen Sie Ihrem Kleinen, wie viel es Ihnen bedeutet und wie sehr Sie an seinem Wohlergehen interessiert sind.

- Fassen Sie mit einer Hand das Handgelenk Ihres Kindes. Die Handfläche zeigt dabei nach oben.
- Kreisen Sie nun mit Ihrem Daumen über die Handfläche, drücken Sie dann einen Finger Ihres Kindes nach dem anderen mit Ihren eigenen Fingerspitzen nach unten und streichen Sie der Reihe nach mit Zeigefinger und Daumen darüber.

Die Geborgenheit, die Sie Ihrem Kind auf diese Weise schenken, stärkt sein Selbstvertrauen.

für unser Kind ist, weil wir bestimmte Ereignisse nach unserem aktuellen persönlichen Erfahrungsschatz bewerten. Wenn wir etwas »schlecht« finden, ist es in der Regel etwas, was unseren Neigungen widerspricht, was uns unangenehm ist, was uns Mühe bereitet oder vielleicht unser Bild von uns ins Wanken bringt.

Doch wenn wir »Schlechtes« generell vermeiden oder verhindern wollen, berauben wir uns – und unsere Kindern – um eine wichtige Möglichkeit der Weiterentwicklung. Denn auch von negativen Erfahrungen könnten wir profitieren, wenn wir sie als unvermeidlich akzeptieren und uns mit ihnen auseinandersetzen würden.

Es mag vielleicht paradox klingen, aber man sollte auch Dinge, die man für »gut« erachtet, ganz neutral oder unvoreingenommen betrachten. Denn auch in dieser Hinsicht ist man vor bösen Überraschungen nicht gefeit. Verständlicherweise haben wir, wenn etwas »gut« ist, oft den Wunsch, diesen Moment festzuhalten, weil wir der Meinung sind, dass etwas genau so ist, wie es sein sollte: Das Kind schläft durch, isst endlich mit Gabel und Löffel oder hat es geschafft, seinen ersten vollständigen Satz zu formulieren. Doch wenn wir unser Wohlbefinden davon abhängig machen, dass etwas auf diese oder jene Weise »funktioniert«, werden wir schnell feststellen, das im nächsten Augenblick Enttäuschung wartet. Dann wird wieder mit dem Essen gespielt oder das Kind wacht jede Nacht mehrmals auf.

Erst nachdenken, dann reagieren

Gefühle sind ansteckend. Wenn einem negative Gefühle wie Ablehnung oder Unzufriedenheit entgegengebracht werden, ist man versucht, ebenso zu reagieren. Das gilt auch für die eigenen Kinder. Jede Mutter und jeder Vater kennt die Situationen zur Genüge, in denen ihnen die lieben Kleinen gewaltig auf die Nerven gehen. In diesen Momenten ist es wichtig, tief durchzuatmen und sich zu vergegenwärtigen, dass diese Gefühle und Gedanken schnell wieder vorübergehen, dass sie nichts über die Qualität der Beziehung zwischen Eltern und Kind aussagen.

Wenn man kurz innehält und sich Klarheit darüber verschafft, warum das jetzt so und so ist, ist schon viel gewonnen. Reagiert man automatisch, werden negative Stimmungen verstärkt. Man sollte nie vergessen: Wie intensiv und bedrohlich ein bestimmter Gedanke oder ein bestimmtes Gefühl in einer Situation auch sein mag, es ist nur ein Gefühl oder ein Gedanke, der wieder verschwinden wird.

Gelassenheit im Alltag mit Kindern praktizieren

Vielleicht werden Sie jetzt sagen, dass Sie gar nicht anders können, als mit Sorge oder Angst zu reagieren, wenn Sie nur die leiseste Gefahr für Ihr Kind wittern.

Oder dass Sie eben ein leicht reizbarer, cholerischer, launischer Mensch sind, der mit Kindern einfach keine Geduld hat. Oder dass Sie zwar gerne gelassener und ruhiger bei Ihren Kindern reagieren würden, aber einfach nicht wissen, wie Sie das bewerkstelligen sollen.

Doch Gelassenheit ist eine Eigenschaft, die sich mit der Zeit entwickelt. Man kann nicht einfach beschließen, von heute auf morgen gelassener zu werden. Aber man kann sich immer wieder, kurz bevor man etwas sagt oder tut, rasch die drei Säulen der Gelassenheit ins Bewusstsein rufen: loslassen, nicht bewerten und ruhig bleiben. Das folgende persönliche Beispiel soll das veranschaulichen.

✍ *Stefan Rieß*

Die erste Säule von Gelassenheit: Loslassen

Claudia muss heute länger arbeiten und hat mich gebeten, Finn noch etwas zu essen zu geben und ihn dann ins Bett zu bringen. Ich komme gerade von der Arbeit, bin müde und hungrig, sage also nur kurz »Hallo« zu Finn und verabschiede schnell den Babysitter. Dann gehe ich in die Küche und koche für Finn Pasta, schließlich hat die ihm gestern so gut geschmeckt. Finn ist in seinem Zimmer und spielt.

Plötzlich höre ich ihn rufen: »Meine Mami, wo ist meine Mami?« Ich antworte ihm: »Ich bin hier! Papi ist hier in der Küche und macht dir etwas zu essen!« Schon steht er vor mir, weint und schreit weiter nach seiner Mutter. Ich fühle mich ein bisschen verärgert, schließlich bin ich doch genauso gut wie seine Mutter, oder etwa nicht?

Ich versuche Finn zu beruhigen, setze ihn in sein Kinderstühlchen und reiche ihm eine Nudel. Er dreht sein Gesicht weg und schreit sofort wieder nach der Mami. Ich rede ihm gut zu, kann ihn aber nicht dazu bewegen, etwas zu essen. Er wirft das Essen und das Besteck durch das Zimmer, der Tisch ist vollkommen mit Nudeln und Soße bekleckert. Ich fühle mich hilflos und verspüre langsam so etwas wie Groll gegen den kleinen Herrn. Ich schimpfe und sage Finn, dass er etwas essen muss, und zwar jetzt, weil seine Mutter so schnell noch nicht nach Hause kommt. Er wird noch wütender, ich packe ihn etwas fester, nehme ihn aus dem Kinderstühlchen und schicke ihn in sein Zimmer. Dort wirft er wütend Spielsachen durch den Raum und ruft: »Blöder Papa.«

Die Situation ist eskaliert. Was ist falsch gelaufen und wie hätte ich es richtig machen können?

Statt zu akzeptieren, dass ich nichts und niemanden kontrollieren kann, habe ich versucht, meinem Sohn meine Vorstellungen aufzuzwingen. Anstatt erst einmal herauszufinden, was Finn tatsächlich will, habe ich ihm Nudeln gekocht, um ihn dann schnell ins Bett zu bekommen und dann selbst etwas essen zu können. Ich hätte von der Vorstellung loslassen müssen, dass Finn jeden Abend Nudeln mag, weil er in den vergangenen Tagen dauernd danach verlangt hat. Besser wäre es gewesen, wenn ich ihn gefragt hätte, was er denn gern essen möchte. Vielleicht wäre mit einem Joghurt und einem Butterbrot alles anders gelaufen.

Noch besser wäre es gewesen, wenn ich zunächst in sein Zimmer gegangen wäre und ein bisschen mit ihm gespielt hätte, um ihn von der Abwesenheit seiner Mutter abzulenken. Selbst als wir dann am Tisch saßen, wäre es noch nicht zu spät gewesen, die Situation zu entschärfen. Aber da war bei mir das Gefühl der Unzufriedenheit und Unzulänglichkeit schon zu stark geworden. Durch den Kampf gegen die verdrussvolle Situation hat sich die Spannung weiter verstärkt. Ich hätte also loslassen müssen – auf mein Programm der Abendgestaltung verzichten, meine Wünsche zurückstellen und dafür genau herausfinden sollen, was Finn wirklich will und braucht. Weil ich das nicht gemacht habe, ist aus einer an sich harmlosen Situation ein kleiner Streit entstanden.

✍ *Stefan Rieß*

Die zweite Säule von Gelassenheit: Nicht bewerten

Was mich zusätzlich in Rage brachte, war, dass ich die Situation als – für mich – schlecht bewertet habe. Ich fühlte mich gekränkt durch das ständige Rufen nach der Mami und weil Finn die von mir gekochten Nudeln nicht essen wollte, während er es doch tags zuvor bei meiner Frau gerne machte. Diese einfache Bewertung erweist sich bei genauerer Betrachtung aber nur als meine Interpretation:

Ich dachte, Finn zieht seine Mutter mir vor, weil er bei ihr brav isst, bei mir dagegen nicht. Vielleicht hat er aber nur nach seiner Mutter gerufen, um zu erfahren, wann sie kommt. (Manchmal ist das Ganze auch ein Spiel: Erst ruft Finn nach Mami und dann lacht er darüber.) Dahinter hätte auch etwas ganz anderes stecken können, was ich erst einmal herausfinden hätte sollen: Vielleicht hatte Finn einfach noch keinen Hunger. Durch meine Bewertung der Situation habe ich das Problem auf jeden Fall nicht gelöst, sondern nur verstärkt.

✍ *Stefan Rieß*

Die dritte Säule von Gelassenheit: Innehalten

20 Minuten nach unserem Streit sitzt Finn vollkommen entspannt mit mir im Kinderzimmer. Wir machen ein Puzzle, er isst nebenbei ein Butterbrot und lässt sich danach ohne große Umstände ins Bett bringen. Hätte ich von Beginn an richtig reagiert – tief durchatmen, die Situation einfach annehmen, ein Butterbrot machen und mit ins Kinderzimmer kommen –, hätten wir uns zwanzig Minuten Streit, Tränen und Missverständnisse sparen können. Wir hätten uns beide besser gefühlt.

Der Schlüssel liegt natürlich bei mir: Nur ich kann und muss auf meine Gedanken, Gefühle und Handlungen achten, sie klar erkennen, mit ihnen gelassen umgehen. Finn hat diese Möglichkeiten zur Kontrolle und Kommunikation noch nicht ausgebildet. Wenn ich auf diese Weise agiere, dann tue ich etwas für mich. Und für meine Beziehung zu Finn. Das Gleiche gilt auch im Umgang mit anderen Menschen: Einfühlungsvermögen und Gelassenheit können verhindern, dass Konflikte entstehen, oder sie zumindest entschärfen.

Gelassenheit und Karma

Gelassen bleiben und sich von Gedanken und Gefühlen nicht übermäßig beeinflussen zu lassen, sind die Voraussetzung, ein zufriedener Mensch zu sein und ein glückliches Leben zu führen. Buddha sagt: »Wir sind, was wir denken. Alles, was wir sind, entsteht aus unseren Gedanken. Mit unseren Gedanken formen wir die Welt.«

Das ist die Vorstellung des Karmas. Oft wird diese Vorstellung mit dem Begriff eines unabänderlichen Schicksals in Verbindung gebracht. So, als habe eine kosmische Macht bereits festgeschrieben, zu welchen Menschen wir werden, welchen Erfolg wir haben, welche Schicksalsschläge und welche Triumphe wir erleben. Doch das meinte Buddha mit seiner Aussage nicht. Der Dalai Lama interpretiert Karma als »Handlung«. Karma ist für ihn mitnichten ein Schicksal, das wir passiv erdulden und an dem wir nichts ändern können, sondern ein höchst aktiver Prozess.

Karma oder Handlung bezeichnet die Taten, die von einem Handelnden – nämlich uns selbst – in der Vergangenheit ausgeführt wurden. Diese Taten haben immer Konsequenzen, sie ziehen weitere Handlungen nach sich, beeinflussen unseren Werdegang und das, wie sich Menschen uns und wir uns ihnen gegenüber verhalten. Was für eine Zukunft uns bevorsteht, ist daher in der Gegenwart in hohem Maße von uns selbst abhängig.

Unsere Zukunft wird durch Handlungen bestimmt, die wir jetzt ausführen, egal, wie klein und unbedeutend sie sein mögen.

Du bist, was du denkst

Genau betrachtet geht es beim Begriff des Karmas also darum, welche Folge unser Denken auf unser Leben und das Leben anderer Menschen hat. Es handelt sich eher um Psychologie denn Bestimmung. Im Grunde ist es ganz einleuchtend: Eine Erfahrung führt zu einem Gedanken oder einem Gefühl, auf dessen Basis wir dann sprechen oder handeln. Je öfter wir bestimmte Handlungen wiederholen, umso schneller entsteht ein Muster, das bald zur festen Gewohnheit wird. Unsere Gewohnheiten aber formen unseren Charakter, und unser Charakter bestimmt unser Leben. Aus einem kleinen, nebensächlichen Gedanken kann somit über Wochen, Monate und Jahre hinweg ein verfestigter Charakterzug werden, den wir möglicherweise gar nicht mehr wahrnehmen. Wir haben längst vergessen, wie er entstanden ist, und haben auch keine Vorstellung davon, wie wir ihn wieder ändern können.

Buddhistische Lehrer raten deshalb, die Vergangenheit zu betrachten, um die Gegebenheiten der Gegenwart zu erklären. Dahinter steckt eine einfache Logik: Alles, was ich tue und denke, hat eine Wirkung. Alle

Shiatsu: Entspannt einschlafen

Nachts aufwachen und weinen – das machen alle Babys ab und zu. Jetzt geht es darum, das Kleine so schnell wie möglich zu beruhigen, damit alle wieder in den Schlummer finden.

- Sprechen Sie liebevoll und beruhigend auf das Kind ein, legen Sie es dann kurz flach auf den Rücken.
- Jetzt zwicken Sie ganz leicht mit Daumen und Zeigefinger auf die Bereiche seitlich der Nasenwurzel – natürlich nur, wenn das Baby sich nicht dagegen sträubt.
- Mit der Hand streichen Sie zwei, drei Minuten lang im Uhrzeigersinn über den Unterbauch.

Das Steicheln des Bauchs hat sich übrigens auch bei Blähungen bewährt!

Menschen, alle Handlungen, alle Ereignisse sind voneinander abhängig. Jede Handlung bedingt eine andere. Sie lässt mich zu dem werden, was ich bin. Denn immer wenn ich auf eine bestimmte Art und Weise reagiere, erhöht sich die Wahrscheinlichkeit, dass ich es beim nächsten Mal genauso mache.

Die moderne westliche Hirnforschung hat die östliche Weisheit inzwischen untermauert: Verhaltensweisen sorgen in unserem Gehirn für neuronale Verschaltungen. Je öfter wir diese Handlungen oder Gedanken ausführen, umso dominanter werden sie. Jedes Mal, wenn man auf eine bestimmte Weise reagiert, steigt die Chance, dass man das nächste Mal ebenso reagieren wird, denn man hat begonnen, sich zu konditionieren.

Reaktionsmuster auflösen

✍ *Anne-Bärbel Köhle*

Das Karma lässt sich ändern

Jeden Morgen dasselbe Spiel: ein ewiger Kampf, bis meine Jungs endlich aus dem Bett gekrochen sind, in letzter Minute ihren Tee heruntergestürzt haben (nein, solche Szenen beziehen sich mitnichten nur auf trödelige Zweijährige) und auf den allerletzten

Drücker das Haus verlassen, meist begleitet von einer unerfreulichen Diskussion, wohin die Schultasche verschwunden ist und warum sich im Schuhschrank nur ein einsamer Turnschuh findet. Wo ist der andere?

In solchen Situationen merke ich, dass ich nervös werde. Ich fange an, die Jungs anzutreiben, mache ihnen ordentlich Druck: »Beeilt euch, sonst kommt ihr zu spät.« Ich spüre, wie sich Ungeduld in mir breitmacht. Ich fühle mich alles andere als entspannt und überhaupt nicht gelassen. Mit diesem Gefühl steige ich ins Auto, um in die Arbeit zu fahren. Auf dem Weg dorthin bin ich immer noch damit beschäftigt, meine negativen Gefühle in den Griff zu bekommen. Oft kommt es dann auch noch vor, dass ich laut vor mich hinschimpfe, nur weil ein Autofahrer vor mir bummelt.

Lange Zeit hat dieses Szenario tatsächlich meinen Tagesbeginn geprägt. Beim Aufstehen graute es mir schon vor dem Frühstück. Ich sah mich selbst als nervöse Mutter mit schlechten Nerven. Und dieses Selbstbild sorgte nicht nur dafür, dass ich am nächsten Morgen wieder nervös reagierte. Es brachte mir auch zu Hause den Ruf ein, unentspannt zu sein. Im Grunde hatte ich keine Strategie, um das zu ändern. Ich sah diesen Charakterzug eben als unabänderlich an. Kurz gesagt: Wie ich mich selbst sah, wie ich mich verhielt, beeinflusste zumindest für ein paar Stunden am Morgen die Art und Weise, wie meine Familie mich betrachtete und behandelte. Und es hatte Einfluss auf meine Chance, innere Ruhe und Glück zu finden.

Als mir das klar wurde, beschloss ich, dass verschlampte Sportschuhe und leere Halbwüchsigenmägen nicht mein Problem sein könnten. Stattdessen saß ich am Frühstückstisch und las in Ruhe Zeitung, während um mich herum die Hektik tobte. Ich genoss den Geruch des Kaffees, strich in aller Ruhe die Pausenbrote für meine Kinder, damit sie wenigstens später etwas zu essen hatten. Und fühlte mich entspannter. Auf winzig kleine Weise habe ich also mein Karma – »Ich bin eine nervöse Mutter« – geändert. An der Tatsache, dass ich dennoch fürsorglich sein möchte, hat sich dadurch nichts geändert. Wenn sie Hunger hatten, konnten die Jungs ja in der Pause ihre Brote verdrücken.

Dies ist nur ein kleines Beispiel dafür, wie wir unser eigenes Schicksal und das, was wir sind, determinieren. Wir können die Vergangenheit nicht verändern. Und wir wissen nicht, was die Zukunft bringt. Aber wir können die Gegenwart gestalten. Deshalb ist es so wichtig, achtsam zu leben, nicht nur für unsere eigene Zukunft, sondern auch für die Zukunft unserer Kinder. Wir müssen uns klar werden, warum wir in einer gewissen Weise fühlen. Wenn wir unseren Charakter, unsere inneren Einstellungen formen möchten, müssen wir auf ganz feine, fast unmerkliche Gefühlsregungen und Stimmungen achten.

Wenn man nicht wahrnimmt, wie negative Gedanken und Gefühle in einem entstehen, wenn man also aufgebracht, erregt oder verwirrt ist und in dieser Verfassung handelt, wird man auf Dauer zu einem Menschen, der von eben diesen Gedanken, Gefühlen und Stimmungen beherrscht wird, und wird so immer wieder in neue Situationen der Ablehnung, Verwirrung, Erregung und des Konflikts geraten. Ein Leben ohne Harmonie und Seelenruhe wäre die Konsequenz.

Freundlich sein

»Eine freundliche Atmosphäre in deinem Haus ist die beste Grundlage für dein Leben.«

Dalai Lama

Theorie und Praxis: die Trotzphase

Als Eltern wünschen wir uns natürlich alle, dass die Atmosphäre in unserem Zuhause von Liebe und Freundlichkeit geprägt ist. Doch in vielen Fällen verschwindet dieses positive Gefühl hinter plötzlich auftretenden Sorgen und Ängsten, Anspannungen und Konflikten, Stress und Alltagserledigungen. Und immer wieder sorgen unsere Kinder mit ihrem überbordenden Elan oder ihrer forschen Impulsivität dafür, dass wir nicht in dem Maße freundlich zu ihnen sind, wie wir eigentlich möchten. Denn Freundlichkeit ist einfach zu praktizieren, wenn sich unsere Tochter oder unser Sohn von ihrer besten Seite zeigen. Das ist aber in bestimmten Phasen eher die Ausnahme denn die Regel.

Wenn die Trotzphase beginnt, werden Eltern mehrmals am Tag mit den Wutausbrüchen der kleinen Herr-

Stefan Rieß

Mehr Energie durch Freundlichkeit

Es gibt Tage, an denen alles wie von alleine läuft. Finn hat die ganze Nacht durchgeschlafen und wacht ganz gelöst auf. Auch Claudia und ich haben eine wunderbare Nacht gehabt (für junge Eltern bedeutet das nicht unbedingt, großartigen Sex zu haben, sondern einfach einmal auszuschlafen, ohne mindestens einmal in der Nacht aufstehen zu müssen). Finn lässt sich gegen seine sonstigen Gewohnheiten widerstandslos wickeln und anziehen, er trinkt ohne Murren seinen Kakao. Wir sind alle drei guter Dinge und freuen uns auf den Tag. Jeder zeigt sich von seiner freundlichsten Seite.

Manchmal vergeht ein ganzer Tag in dieser schönen Stimmung. Keine Spur von Genervtheit und Frustration auf unserer Seite, kein Trotz und keine Wutanfälle bei Finn. An solchen Tagen fühle ich mich – wie sollte es anders sein – wie befreit. Befreit von jeglicher Art von Leiden und Sorgen. Und es sind gerade diese Tage, die mir Energie geben für die Tage, an denen es nicht so reibungslos läuft.

Und auch diese Tage erleben wir nicht selten – keiner hat gut geschlafen, wir müssen uns beeilen, weil wir zu spät aufgestanden sind, alles muss schnell gehen, schon gibt es die ersten Konflikte. Gerade in diesen Situationen ist es wichtig, sich daran zu erinnern, dass ein freundlicher und liebevoller Umgang miteinander Ruhe und Frieden in den Alltag bringt.

schaften konfrontiert. Für die Wissenschaftler ist klar, warum die Kleinen so zornig sind: Sie sind frustriert darüber, dass sie noch nicht in der Lage sind, sich auszudrücken. Statt sich mit Worten zu erklären, müssen sie ihren Willen mit Tränen und Schreien zur Geltung bringen. Sie wissen noch nicht, wie sie uns mitteilen sollen, dass sie übermüdet oder überfordert sind – und werfen sich deshalb schreiend auf den Boden. Oder dass sie jetzt lieber etwas anderes spielen würden – und schmeißen deswegen die Bauklötze durch die Gegend. Sie verstehen nicht, warum sie Papas Stereoanlage nicht anfassen und Mamis Kleiderschrank nicht durchwühlen dürfen, warum sie manchmal ihren Willen bekommen und manchmal nicht. Sie spüren es zwar, wenn sie wegen etwas Angst haben, wissen aber noch nicht, was Angst eigentlich genau ist und wie sie ihren Eltern klarmachen können, was plötzlich so unheimlich für sie ist.

Sie wissen nur, dass sie sich im Moment ganz und gar nicht wohlfühlen. Und dieses Gefühl äußern sie mit allem Nachdruck. Das ist auch wichtig für Kinder, jetzt und in der Zukunft. Schließlich müssen sie ihren Willen entdecken, um später im Leben bestehen zu können.

Freundlichkeit im Alltag mit Kindern praktizieren

Für Eltern sind solche Ausbrüche eine echte Nervenprobe. Zunächst versteht man vielleicht gar nicht, was den Wutausbruch verursacht hat. Man fühlt sich hilflos, ist frustriert oder wird selber wütend, und besonders in der Öffentlichkeit ist es einem ziemlich peinlich, wenn der Nachwuchs regelmäßig ausflippt. Es gehört wohl zum Erfahrungsschatz jeder Mutter und jedes Vaters, ein lauthals und mit hochrotem Kopf nach Schokolade brüllendes Kind durch nichts zum Verlassen eines Supermarkts bewegen zu können. Oder kein Gespräch mit anderen Erwachsenen führen zu können, weil sich das Kind ständig dazwischendrängt.

Dabei ist es gerade in solchen unschönen Situationen besonders wichtig, freundlich zu reagieren. So schreibt die amerikanische Psychologin Myla Kabat-Zinn: »Wenn ein Kind, egal welchen Alters, spürt, dass wir es akzeptieren, wenn es unsere Liebe spürt, die nicht gebunden ist an sein umgängliches, liebes, anziehendes Selbst, sondern auch gilt für sein schwieriges, Widerstand weckendes, unausstehliches Selbst, dann wird das Kind genährt, und es hat die Freiheit, ein ausgeglichener und ganzer Mensch zu werden.«

Das heißt natürlich nicht, dass wir unseren Kindern alles durchgehen lassen sollten und sie zu kleinen Tyrannen erziehen. Sie dürfen nicht zu jeder Zeit alles bekommen, was sie wollen, und sie müssen lernen, dass es Grenzen und Regeln gibt, die nicht überschritten werden dürfen. Doch es kommt auf das »Wie« an. Verbote müssen ausgesprochen werden, bestimmtes Verhalten muss sanktioniert werden (indem man dem Kind zum Beispiel etwas wegnimmt oder es in sein Zimmer schickt). Gleichzeitig sollte man dem Kind jedoch auf freundliche Weise klarmachen, dass das Verbot keine Ablehnung seiner Persönlichkeit darstellt. Auch wenn man sein Verhalten nicht gutheißt – ein Kind muss wissen, dass es bedingungslos geliebt wird, selbst wenn es im Moment noch so unausstehlich ist.

Schluss mit Selbstvorwürfen!

Unsere Bemühungen, achtsam, gelassen und freundlich zu sein, werden immer wieder einmal fehlschlagen. Nicht nur im Alltag mit unseren Kindern … Da hat man tagelang jedes Problem vollkommen gelassen gelöst, Konflikte entschärft und endlich das Gefühl, dass einen nie wieder etwas aus der Ruhe bringen kann. Doch dann, eines Morgens im Straßenverkehr beim Kampf

Fingermudra: Ganesha-Mudra, um Zuversicht und Offenheit zu spüren

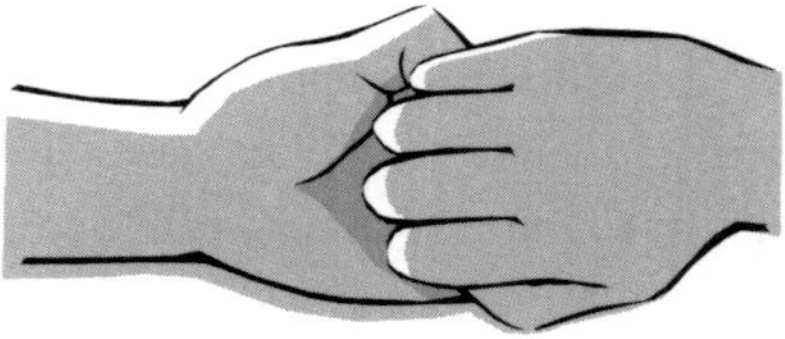

Diese Übung löst Verspannungen und schenkt Mut, Zuversicht und Offenheit gegenüber Ihren Mitmenschen. Der Druck der Finger ist dabei, wie bei allen Mudras, ganz leicht und fein. Die Hände sind entspannt.

- Halten Sie die linke Hand mit der Handinnenfläche nach außen vor die Brust. Die Finger sind gekrümmt.
- Nun greift die rechte Hand mit dem Handrücken nach außen in die linke Hand. Die Hände in der Höhe des Herzens dicht vor der Brust halten.
- Während Sie ausatmen, ziehen Sie die Hände, ohne den Griff zu lockern, kräftig auseinander. Die Oberarm- und Brustmuskeln spannen sich dabei an.
- Während des Einatmens Spannung wieder lösen. Sechsmal wiederholen.
- Anschließend die Hände in dieser Stellung an das Brustbein legen und nachspüren.
- Danach Handstellung wechseln und von vorne beginnen – jetzt zeigt die rechte Hand mit der Handinnenfläche nach außen. Wieder sechsmal ein- und ausatmen, nachspüren.

um einen Parkplatz, wird man plötzlich richtig wütend und drückt entnervt auf die Hupe. Oder man bricht beim Anruf des Partners wegen irgendeiner Kleinigkeit in Tränen aus.

Auch das müssen wir akzeptieren. Außerdem müssen wir lernen – was für viele von uns schwierig ist –, Geduld zu haben. Und zwar nicht nur Geduld mit anderen, sondern auch mit uns selbst. Denn wir neigen dazu, uns zu überfordern und überzogene Ansprüche an uns zu stellen. Wir nehmen vieles einfach zu ernst. Es ist völlig unangebracht, sich Selbstvorwürfe zu machen und sich anzuklagen: »Jetzt habe ich wieder falsch reagiert, eigentlich hätte ich doch …«, oder verzweifelt darüber zu sein, dass man den eigenen Anforderungen nicht genügt. Es geht immer auch darum, die eigene Person mit Freundlichkeit und möglichst ohne Verurteilung und übertriebene Erwartungen zu betrachten. Am besten geht das mit Humor. Wie kompliziert und verfahren, freudlos und anstrengend die Dinge manchmal auch erscheinen, oft lässt sich mit ein wenig Abstand herzhaft darüber lachen.

Atemtherapie: 36 Atemzüge für mehr Kraft im Alltag

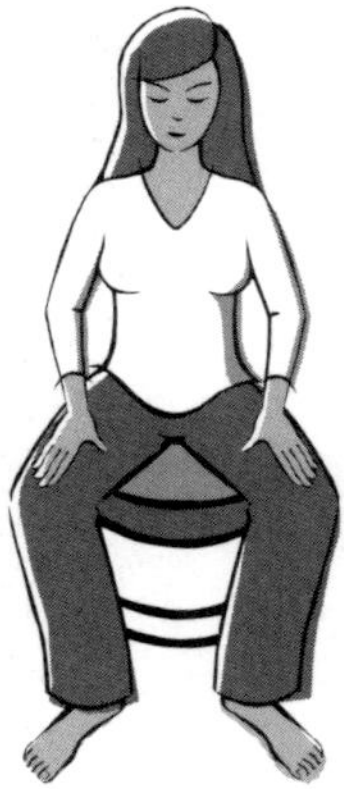

Diese fernöstliche Poweratmung bewirkt, dass Sie neue Kraft schöpfen und zur Ruhe kommen.

- Setzen Sie sich bequem hin.
- Atmen Sie einmal lange aus, lassen Sie dabei alles Unangenehme los. Fühlen Sie, wie die Spannung Ihren Körper verlässt. Die Schultern gehen locker nach unten, die Brust wird leicht, Bauch, Oberschenkel, Unterschenkel, Füße entspannen sich.
- Nun atmen Sie tief ein, spüren, wie sich Ihr Körper mit Energie füllt und Sie stärkt.
- Atmen Sie 36-mal tief ein und aus.

Wer es nicht schafft, alle 36 Atemzüge auf einmal zu machen, kann die Übung aufteilen in viermal täglich neun Atemzüge.

Stefan Rieß

Der Weg ist das Ziel

Wenn ich Finn mit seinen zwei Jahren sehe, denke ich mir oft, dass er schon eine richtige Persönlichkeit ist. Doch dann sehe ich ihn auch wieder ganz anders. Ein kleiner Mensch, der meine unbedingte Zuwendung, Schutz und Geborgenheit braucht. Der über Jahre hinweg abhängig von mir (und noch mehr von meiner Frau) sein wird, um in diesem Leben bestehen zu können. Und genauso, wie ich ihm helfen und ihn dabei unterstützen kann, sich weiterzuentwickeln, kann ich ihm schaden und seine Entwicklung behindern, wenn ich mich gleichgültig, unfreundlich oder lieblos ihm gegenüber verhalte.

Das Gleiche gilt natürlich für meine Frau, meine Eltern, meine Freunde und den Rest der Welt: Je unfreundlicher und abweisender ich bin, desto mehr Probleme, Streit und Unruhe bringe ich in die Welt. Damit tue ich niemandem einen Gefallen. Mir selbst auch nicht. Wer in Harmonie mit sich und der Welt leben möchte, sollte sich bemühen, allen Menschen – selbst seinen Feinden – mit einer prinzipiell freundlichen Haltung zu begegnen.

Jetzt denken Sie vielleicht, dass ich schon kurz vor der Erleuchtung stehe und mich zu jeder Zeit achtsam mit den Bedürfnisse aller auseinandersetze, stets gelassen reagiere und allzeit freundlich zu meinen Mitmenschen bin. Das wäre schön, ich würde mir nichts lieber wünschen. Aber es kommt vor, dass ich laut meinen Sohn schelte, wutentbrannt auf die Hupe drücke, mich boshaft über Kollegen äußere, manchmal vor Zukunftssorgen nicht einschlafen kann, eifersüchtig bin, wenn mein Sohn immer wieder nach seiner Mami verlangt, mich über die gut gemeinten Erziehungstipps meiner Mutter ärgere.

Doch ich kann sagen, dass diese Reaktionen seltener werden, seitdem ich versuche, mir selbst und anderen gegenüber achtsamer zu sein. Ich kann mich besser beherrschen, merke eher, wenn negative Gefühle aufkommen, und kann sie leichter wieder abschütteln. Auch wenn nicht alles perfekt läuft, verstehe ich das als großen Fortschritt. Und genauso sicher ist: Die Suche nach mehr Achtsamkeit, Gelassenheit und Freundlichkeit ist eine Reise ohne Ende. Auch wenn es schon etwas abgenützt klingen mag: Der Weg ist das Ziel. Selbst wenn wir den Zustand der absoluten Seelenruhe und des perfekten Einklangs mit uns und dem Rest der Welt nie ganz erreichen mögen – jeder Tag, an dem wir uns ein Stückchen mehr in die beschriebene Richtung bewegen, wird uns ein wenig glücklicher machen.

Mitgefühl zeigen

»In jedem Menschen schlummert der Same der Vollkommenheit. Es bedarf des Mitgefühls, um dieses Potenzial, das in unserem Herzen und Geist wohnt, freizusetzen.«
Dalai Lama

Mitgefühl – mit dem tibetischen Wort *Tse-wa* bezeichnet – ist im Verständnis des Dalai Lama ein Geisteszustand, der gewaltfrei, nicht schädigend und ohne Aggression ist. Es ist eine geistige Haltung, die auf dem Wunsch gründet, dass andere frei von Leid sein mögen. Und sie ist verbunden mit einem Gefühl von Verantwortung und Respekt dem anderen gegenüber. Dieser Geisteszustand schließt auch den Wunsch nach Gutem für einen selbst mit ein.

Dennoch warnt der Dalai Lama: Beim Mitempfinden besteht die Gefahr, es mit Anhaftung zu verwechseln. Er unterscheidet deshalb zwei Arten von Mitgefühl: Wir bringen einem anderen Menschen mitleidsvolle Gefühle entgegen, wir versuchen, sein Leiden zu verstehen, weil wir ihn lieben. In Wahrheit lieben wir ihn jedoch, damit er unsere Zuneigung erwidert. Wir versuchen ihn also zu kontrollieren. Tritt eine Veränderung im Verhalten des anderen ein, eine Verstimmung, Ärger oder Streit, fühlen wir uns zurückgesetzt. So kann sich Mitgefühl verändern und in Wut und Zorn umschlagen. Diese Art des Mitgefühls ist mit Anhaftung durchsetzt.

Wahre Zuneigung im Buddhismus

Wahres Mitgefühl, wie es der Buddhismus versteht, ist dagegen nicht davon abhängig, wie sich die andere Person verhält. Sie stützt sich auf den Gedanken, dass alle Menschen – genau wie wir selbst – von Leiden frei sein und Glück erlangen möchten. Genau wie ich hat jeder Mensch – egal ob das eigene Kind oder ein Fremder – das natürliche Recht, diesen Wunsch in Erfüllung gehen zu lassen. Mit der Anerkennung dieser Gleichheit und Gemeinsamkeit kann sich echte Nähe und Zuneigung entwickeln.

Mitgefühl bedeutet: sich frei von eigenen Wünschen für den anderen und seine Bedürfnisse zu öffnen. Das Leiden des anderen zu betrachten und zu empfinden, wertfrei und wahrhaftig. In seinem Buch »Die Regeln des Glücks« beschreibt es der Dalai Lama folgendermaßen: »Wenn Sie ein Tier heftig leiden sehen, vielleicht einen Fisch, der am Haken zappelt, können Sie das spontane Gefühl empfinden, den Schmerz des Fisches nicht ertragen zu können. Ein solches Mitgefühl beruht nicht auf einer besonderen, freundschaftlichen Verbindung zu diesem Tier, sondern einfach auf der Tatsache, dass es ebenfalls Empfindungen hat, Schmerz verspürt und das Recht besitzt, solche Qualen nicht durchleiden zu müssen. Diese Form des Mitempfindens ist nicht mit Begehren oder Anhaftung verquickt und dadurch dauerhaft.«

Mitgefühl im Alltag mit Kindern praktizieren

Zweifellos ist es für Eltern einfach, Mitgefühl für ihre Kinder zu empfinden, wenn sie sich den Kopf an der Schaukel angeschlagen haben, wenn sie hingefallen sind oder ihnen etwas wehtut. Um wie viel schwieriger ist es, diese innere Haltung einzunehmen, wenn Söhne oder Töchter vor Wut schreien, toben, um sich schlagen – dann also, wenn ihre Interessen und ihr Verhalten in Konflikt mit uns treten.

Doch Mitgefühl ist nicht nur auf jene Momente beschränkt, in denen wir es ohnehin spüren. Mitgefühl ist eine Art universale Haltung, die in jeder Situation zum Tragen kommt. Der Dalai Lama lehrt: Eine erhöhte Einsicht in das Leiden anderer erhöht auch unsere Fähigkeit zum Mitgefühl. Mitgefühl ist also ein Sich-Öffnen für das Leiden und die Probleme anderer, eine echte Anteilnahme an ihren Schwierigkeiten, egal woraus sie resultieren und welche Konsequenzen diese für uns selbst

Fingermudra: Pran-Mudra
für mehr Durchsetzungskraft

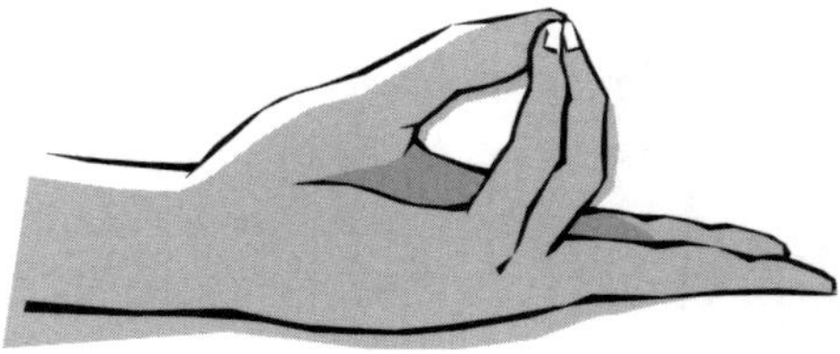

Diese Mudra erhöht ganz allgemein die Vitalität, reduziert Müdigkeit und Nervosität und schenkt auf der geistig-seelischen Ebene Durchhaltevermögen. Der Druck der Finger ist dabei, wie bei allen Mudras, ganz leicht und fein, die Hände sind entspannt.

- Die Spitzen von Daumen, Ringfinger und kleinem Finger beider Hände aufeinanderlegen, die übrigen Finger bleiben gestreckt.
- Mindestens fünf Minuten halten, je nach Bedarf auch länger.

Ideal für alle Eltern in akuten Erziehungskrisen, besonders wenn es um bockige Zweijährige geht!

haben. Mitgefühl sorgt für tiefe Verbundenheit. Und es lässt sich auch auf Probleme beziehen, die unsere Kinder uns bereiten.

Das setzt voraus, dass wir für einen kurzen Moment unsere Sicht der Dinge hinter uns lassen und uns sozusagen auf Augenhöhe des Kindes begeben: Wir versuchen empathisch, aber wertfrei zu verstehen, was in dem Kind gerade vor sich geht, was es in diesem Moment genau fühlt. Was empfindet es, wenn es weint? Wie fühlt sich seine Wut an? Wie anstrengend ist es, zu schreien und um sich zu schlagen?

Gerade wenn es uns gelingt, in schwierigen Momenten Verbindung mit den Gefühlen unseres Kindes aufzunehmen, sorgen wir dafür, dass das Kind echtes Zutrauen in uns und in die Welt gewinnt, die es umgibt. Als Eltern haben wir zudem die Möglichkeit, in solchen Momenten etwas über uns selbst zu lernen. Denn die Fähigkeit, Mitgefühl zu empfinden, ist universal, erstreckt sich also auch auf uns selbst. Vielleicht gelingt es uns ja bereits bei der nächsten Auseinandersetzung, unseren Standpunkt zu verlassen, zu fühlen, was unser Kind fühlt.

»Wenn wir unser eigenes Unbehagen, das durch negative Gefühle entsteht, beobachten können, besteht die Wahrscheinlichkeit, automatische Verhaltensmuster zu verändern und mitfühlendere Eltern zu werden, die wahre Unterstützung bieten«, schreibt der buddhistische Arzt Jon Kabat-Zinn. Wir erkennen dann schneller, wie sehr es in Auseinandersetzungen gar nicht

Massage: Zartes Handauflegen gegen schlechte Laune

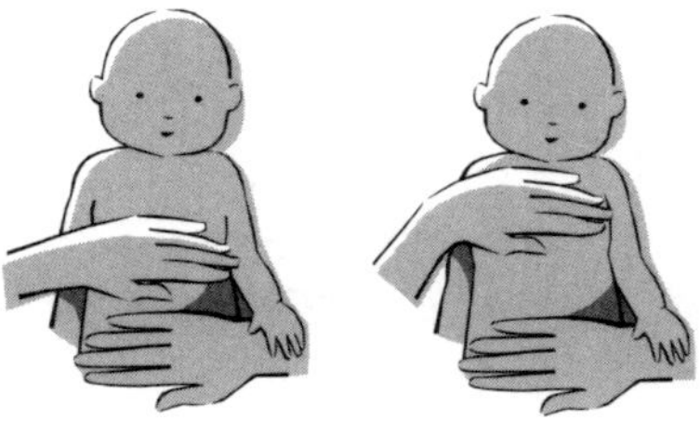

Manchmal schreien Kinder scheinbar grundlos. Diese sanften Griffe sorgen dafür, dass sich das Kind beruhigt.

- Legen Sie eine Hand unterhalb der Brust quer über den Bauch und streichen Sie damit bis zum unteren Bauchansatz, während Sie die andere Hand an der Ausgangsposition ansetzen.
- Unmittelbar bevor Sie die eine Hand hochnehmen, sollten Sie mit der anderen zu streichen beginnen, wie eine einzige, fließende Bewegung. Mehrmals wiederholen.
- Dann das Baby sanft umdrehen. Eine Hand legen Sie auf den Rücken und streichen damit nach unten bis zum Gesäß, dann setzen Sie die zweite Hand an der Ausgangsposition auf, und bevor Sie die erste Hand hochnehmen, streichen Sie mit der zweiten Hand nach unten. Ebenfalls mehrmals wiederholen.

Sie sollten Massagegriffe grundsätzlich nur dann anwenden, wenn sich Ihr Kind dabei sichtlich wohlfühlt. Sobald es Missbehagen zeigt, sollten Sie die Massage abbrechen.

um unsere Kinder und ihre Befindlichkeit, sondern in Wahrheit um uns selbst geht. Wir erkennen, dass wir Machtkämpfe gewinnen wollen, dass wir in einer Problemsituation anhaftendes Verhalten entwickeln, dass wir unsere eigene schlechte Stimmung auf unsere Kinder übertragen. Wenn wir das Kind und uns selbst in solchen Momenten mit wahrem Mitgefühl betrachten, können wir mit diesen Verhaltensweisen aufhören. Die Dinge aus der Sicht des Kindes zu sehen hilft uns, die richtigen Entscheidungen zu treffen. Und es hilft uns, mitleidsvolle Präsenz in jedem Moment zu zeigen.

Mit den Augen des anderen sehen

Grundsätzlich ist es eine gute Übung, sich bei Schwierigkeiten mit anderen Menschen (nicht nur mit den eigenen Kindern) in deren Lage hineinzuversetzen und abzuwägen, wie man selbst in ihrer Situation reagieren würde – und wie man in diesem Moment selbst gerne behandelt werden möchte. Auch wenn man keine gemeinsame Erfahrung teilt, ist es dennoch möglich, sich mit ein bisschen Fantasie in andere Menschen hineinzudenken.

Probieren Sie es aus: mit dem Lehrer, der über Ihr Kind schimpft, mit dem Kollegen, der versucht, Ihnen Extra-Arbeit aufzuhalsen, mit dem Nachbarsjungen, der jetzt schon zum dritten Mal Ihrem Kind den Ball

Fingermudra: Prithivi-Mudra
für mehr Erdung

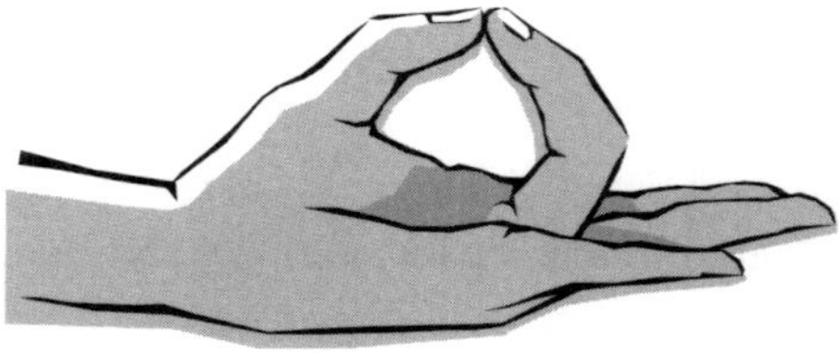

Diese kleine Übung sorgt für inneren Halt, Durchsteh- und Durchsetzungsvermögen und für mehr Selbstvertrauen.

- Die Spitzen von Daumen und Ringfinger beider Hände aneinanderlegen. Die anderen Finger sind gestreckt.
- Dreimal täglich einige Minuten lang halten.

Eltern kleiner Kinder haben oft das Gefühl, dass das Leben an ihnen vorbeirauscht. Diese Mudra bringt Sie auf die Erde zurück, wenn Ihnen zwischen Wäscheberge-Abbauen und Legomännchen-Suchen ein wenig die Bodenhaftung abhanden gekommen ist.

wegnimmt ... Lösen Sie sich vorübergehend vom eigenen Standpunkt und lassen Sie sich auf die Sichtweise des Lehrers, des Kollegen, des Nachbarsjungen ein, stellen Sie sich vor, wie es wäre, in deren Haut zu stecken.

Respekt für die Gefühle des anderen zu entwickeln – das ist ein wichtiger Faktor, um Konflikte zu entschärfen und zwischenmenschliche Probleme zu lösen. Mit anderen mitzufühlen ist ein elementarer Pfeiler, um in Einklang mit grundlegenden menschlichen Werten zu leben, die der Dalai Lama so beschreibt: »Einfach menschliche Güte. Ein guter, freundlicher Mensch sein. Mit anderen Menschen in Wärme, in menschlicher Zuneigung, in Ehrlichkeit und Aufrichtigkeit verbunden sein. In Mitgefühl.«

Auf eigene Erfahrungen zurückblicken

Es lohnt sich, immer wieder einmal darüber nachzudenken, welche Rolle wahres Mitgefühl in unserem Leben spielt – und früher gespielt hat. Deshalb sollten Väter und Mütter für einen kurzen Moment überlegen: Was habe ich mir selbst am meisten von meinen Eltern gewünscht, als ich ein kleines Kind war? Manchmal dauert es ein paar Minuten, bis die Erinnerungen zurückkehren.

Die meisten Menschen sehnen sich übrigens danach, in ihren Familien rückhaltlos geliebt und akzeptiert zu werden, auch und gerade dann, wenn sie in Schwierigkeiten stecken. Sie möchten verstanden und respektiert werden – und bedauern es zutiefst, dass dies in ihrer Familie gelegentlich nicht der Fall war. Wer wahre Empathie entwickelt, gibt seinen Kindern aber genau diese fehlende Liebe mit auf den Weg!

Meditieren im Alltag mit Kindern

»Glück ist allein der innere Frieden.
Lerne ihn finden.« Buddha

»Normalerweise dauert ein Retreat (Rückzug) in der Meditation Tage, Wochen oder Monate«, resümieren der Arzt und Buddhist Jon Kabat-Zinn und seine Frau Myla in ihrem wunderbaren Buch *Mit Kindern wachsen. Die Praxis der Achtsamkeit in der Familie.* Die beiden blicken auf ihre vielen Jahre Erziehungsarbeit mit drei Kindern zurück: »In diesem Fall dauert der Retreat mindestens 18 Jahre. Pro Kind.«

Das Leben mit Kindern – eine einzige Meditation? Fast zum Lachen, wenn man an den gelegentlich hektischen Tagesablauf denkt, an die ruhelosen Nächte, an das immer wiederkehrende Chaos, das die lieben Kleinen ständig um sich verbreiten. Und dennoch ist sehr viel Wahres daran.

Jeden Moment wertschätzen

Für Jon und Myla Kabat-Zinn bedeutet Erziehung im buddhistischen Sinne vor allem: in Liebe erziehen. Das tiefe Gefühl für ihren Nachwuchs verbindet Eltern weltweit. In der östlichen Praxis aber geht die Liebe über das Gefühl hinaus und bedeutet eine Lebenseinstellung, nämlich den Versuch, jeden Moment mit den Kindern wertzuschätzen. Nicht zu urteilen, ob es sich um gute oder schlechte Augenblicke handelt, sondern jeden Wimpernschlag zu leben, ganz bewusst.

Das ermöglicht Eltern nämlich vor allem eins: jeden einzelnen Moment mit ihren Kindern in einer liebevollen und zugewandten Weise zu erleben. Sie hingerissen zu betrachten, wenn sie friedlich schlummernd in ihrem Bett liegen. Sie zärtlich selbst dann anzusehen, wenn sie vor lauter Zorn und Frust nicht mehr zu schreien aufhören. Jeder Moment des Lebens wird Teil der buddhistischen Praxis. Jeder Augenblick kann zu einer Mini-Meditation werden.

Klingt schön, aber auch ein wenig blauäugig, werden viele Väter und Mütter einwerfen. Stimmt. Es ist zumindest anfangs nicht realistisch, und es lässt sich sicherlich auch nicht permanent durchhalten. Aber: Mit der Praxis gelingt es immer öfter, dass wir uns ganz und gar auf den Moment und unsere Kinder einlassen können, ohne zu werten. Das sind die Augenblicke, in denen wir gänzlich gelassen, friedlich und freundlich sind.

Auf die Gegenwart konzentrieren

Wie das funktioniert, beschreibt die Buddhistin Napthali: »Werde dir bewusst, wie oft dein Geist in die Vergangenheit und in die Zukunft reist und wie hartnäckig man sein muss, um ihn in der Gegenwart zu verankern.« Immer im Hier und Jetzt zu bleiben scheint zunächst eine frustrierende Erfahrung zu sein, absolut unerfüllbar und unrealistisch. Aber mit der Zeit funktioniert es immer besser. Es geht im Prinzip nur darum, sich häufiger am Tag bewusst zu machen, wo man mit seinen Gedanken gerade ist, und sich dann voll und ganz auf den gegenwärtigen Moment zu konzentrieren.

Am besten lässt sich das durch regelmäßiges Meditieren schulen. Doch auch Eltern, die keine Zeit haben, sich stundenlang in ihr Inneres zurückzuziehen, können das üben. Dr. Thynn Thynn, Meditationslehrerin in Kalifornien und Autorin des Buches *Living Meditation, Living Insight*, beschreibt es so: »Meditation ist hier und jetzt, mitten im Auf und Ab des Lebens, mitten in Konflikten, Enttäuschungen, Herzschmerz, Freude, Erfolg und Stress des Lebens.«

Hier, mitten im Chaos, können wir Achtsamkeit üben, damit wir Frieden finden in uns selbst und uns vom Leiden befreien können.

Yoga: Der Berg – für ein prima Körpergefühl

(Für Kinder ab vier Jahren)

Kinder verlieren im Trubel oftmals das Gefühl für sich selbst und ihre Bedürfnisse. Sie reagieren dann völlig überreizt, sind bockig und schlecht gelaunt. Diese Übung lässt sie ihren Körper wieder spüren. Und da bei Kindern Körper und Psyche noch viel enger verbunden sind als bei vielen Erwachsenen, kommt auch die Seele zur Ruhe.

- Die Füße stehen parallel und hüftbreit auseinander auf dem Boden. Das gesamte Körpergewicht sollte dabei gleichmäßig auf beiden Füßen verteilt sein. Jetzt können Sie Ihrem Kind folgende Anleitung dazu erzählen:
- »Stell dir vor, du würdest dich mit den Fußsohlen und den Beinen im Boden verankern. Richte dann deinen Rücken gerade auf und lass deine Arme ganz entspannt und locker hängen.
- Jetzt hebe deine Brust und die Schultern. Und lass die Schultern ganz entspannt nach hinten sinken.
- Jetzt stell dir vor, du wärst eine Marionette und jemand zieht deinen Kopf wie an Fäden nach oben zur Decke.
- Neige nun deinen Kopf ein bisschen, senke das Kinn leicht zur Brust nach vorne. Bleib kurz so stehen und atme tief ein und aus.«

Meditation als gelebte Achtsamkeit

Für Dr. Thynn ist die Meditation im Sitzen sogar nichts weiter als ein Hilfsmittel und nicht wichtiger als der Alltag, den man auf achtsame und meditative Weise verbringt. Meditieren im Sinne von ganz im Hier und Jetzt sein kann man, wie bereits an anderer Stelle erwähnt, mithin bei vielen Tätigkeiten: beim Haarebürsten, während man den Kinderwagen durch den Park schiebt, beim Warten auf den Bus, beim Abwaschen, beim Windelwechseln, beim Essenkochen. Meditation ist gelebte Achtsamkeit. Das Entscheidende dabei ist, darauf zu achten, wie sich dieser ganz spezielle Moment anfühlt.

Sehr gut lässt sich Achtsamkeit übrigens beim Gespräch mit den Mitmenschen trainieren. Wie oft fallen wir ihnen ins Wort? Wie oft unterbrechen wir unsere Kinder, wenn sie uns etwas erzählen, um zu bewerten und Rat zu geben? Einfach nur ruhig und aufmerksam zuhören, einen Moment innehalten, bevor man den Mund öffnet, ist ebenfalls gelebte Meditation.

Rückzug durch bewusste Meditation

Dennoch empfehlen Buddhisten, darüber hinaus ganz bewusst den Alltag hinter sich zu lassen. Denn Buddha lehrt: Meditation ist das beste Werkzeug, um den Geist zu transformieren. Meditation ist eine Zeit, in der wir vertrauter werden können mit den eigenen Geisteszuständen, in der wir in positiven Zuständen verweilen können, in der wir loslassen können.

Grundsätzlich ist es am besten, sich in einem buddhistischen Zentrum in die Praxis des Meditierens einweisen zu lassen. Die Entspannungsübungen, die wir Ihnen über das Buch verteilt vorstellen, können Sie dagegen problemlos selbst durchführen, und sie lassen sich auch in einen hektischen Tag mit Kindern integrieren.

Besonders heilsam ist es allerdings, sich tatsächlich regelmäßig innerlich zu verabschieden und zum Meditieren zurückzuziehen. Grundsätzlich gilt im Buddhismus der Morgen als ideale Zeit für die Meditation, denn dann ist der Geist noch frei vom Alltagschaos. Auch abends kann ein guter Moment zum Meditieren sein, wenn die Arbeit beendet ist. Manche Menschen tanken dabei so viel Kraft, dass sie noch einmal einen regelrechten Energieschub bekommen.

Vorbereitung auf die Meditation

Um den Geist auf die Meditation vorzubereiten, empfiehlt es sich, zunächst ein paar Minuten lang etwas Beruhigendes zu tun: einen spirituellen Text lesen, ein paar Yoga-Übungen machen, etwas leise Musik hören. Anschließend begeben Sie sich an einen Ort, an dem Sie Ruhe finden. Theoretisch lässt sich auch im Bett meditieren, aber dort besteht am ehesten die Gefahr, dass Sie einschlafen. Zu welcher Tageszeit Sie meditieren, spielt wie gesagt keine Rolle. Hauptsache, Sie haben etwa 10 bis 20 Minuten ungestört Zeit für sich.

Der nächste Schritt besteht darin, die richtige Sitzposition einzunehmen. Am besten gehen Sie in eine Haltung, die für Sie bequem ist. Sie können sich auf einen Stuhl oder auf ein Kissen auf dem Fußboden setzen, oder, wenn Sie das bequemer finden, sich auch mit dem Rücken aufs Bett legen. Ganz gleich, für welche Haltung Sie sich entscheiden: Es ist wichtig, dass die Wirbelsäule dabei gestreckt ist und es für Sie bequem ist.

Halten Sie die Arme in einer entspannten Lage und Ihre Augen halb offen oder geschlossen. Wenn Sie die Augen halb geöffnet lassen, sollte Ihr Blick nach unten gerichtet sein, aber nicht auf einen bestimmten Gegenstand. Ihr Mund ist geschlossen, der Kiefer entspannt, die Zunge berührt leicht den oberen Gaumen, hinter den Vorderzähnen. Achten Sie darauf, dass in keinem Teil Ihres Körpers Spannung herrscht, die Sie ablenken könnte.

Sobald Sie die richtige Haltung eingenommen haben, lockern Sie Ihre Schultern, holen dabei tief Luft. Nehmen Sie sich dann ganz bewusst vor, dass Sie in den nächsten Minuten versuchen werden, Ihren Geist zu konzentrieren und ihn nicht herumwandern zu lassen. Machen Sie ein paar tiefe Atemzüge, lassen Sie dabei die Luft langsam entströmen. Atmen Sie vom Unterleib

Fingermudra: Ksepana-Mudra gegen negative Energie

Diese Übung sorgt für mehr Energie.

- Die Zeigefinger beider Hände liegen flach aneinander, die restlichen Finger sind verschränkt, deren Fingerkuppen liegen auf dem Handrücken.
- Die Daumen sind gekreuzt. Zwischen den Händen entsteht ein kleiner Hohlraum.
- Im Sitzen zeigen die Zeigefinger zum Boden, im Liegen Richtung Füße.
- 7 bis 15 Atemzüge lang die Mudra halten, dem Ausatmen nachspüren. Dabei dreimal tief aufseufzen.
- Danach die Hände mit nach oben gedrehten Handtellern auf die Oberschenkel legen.

Wo viele Menschen sind, wird viel Energie frei. Dabei nimmt man gelegentlich auch negative Schwingungen auf, vor allem dann, wenn der eigene Energiepegel niedrig ist. Mit dieser Mudra begünstigen Sie, dass verbrauchte Energie abfließen kann und Sie neue Energie aufnehmen.

aus, sodass sich der untere Bauch hebt und senkt, wenn Sie ein- und ausatmen. Das hilft Ihnen, Ihren Geist zu beruhigen. Jetzt beginnt die Meditation.

Atemmeditation

Bei dieser Atemmeditation sollen Sie versuchen, Ihren Atem zu beobachten. Dabei geht es nicht darum, auf eine bestimmte Weise bewusst das Kommen und Gehen des Atems zu spüren. Das soll eher ganz unangestrengt und entspannt geschehen. Dass anfangs die Gedanken abschweifen, ist völlig normal. Bringen Sie sie dann einfach wieder geduldig und freundlich zurück zu Ihrem Atem.

Setzen Sie sich dazu still hin, schließen Sie die Augen so, dass nur noch ein kleiner Schlitz geöffnet ist, und konzentrieren Sie sich auf Ihren Körper. Spüren Sie, wo Verspannungen sind. Fangen Sie beim Kopf an, dann fühlen Sie die Gesichtsmuskeln, den Hals, den Nacken, die Schultern. Lassen Sie alles weich und entspannt werden.

Dann beginnt die eigentliche Achtsamkeit gegenüber dem Atem. Sie ist in vier Stufen aufgeteilt. Anfänger sollten versuchen, etwa fünf Minuten auf jeder Stufe zu verbringen. Wenn das anfangs nicht klappt – kein Problem. Auch wenn Sie zunächst nur ein, zwei Minuten schaffen, wird sich die Zeit nach und nach von selbst verlängern. Sarah Napthali empfiehlt allen Neueinsteigern dieses Vorgehen:

Stufe eins: Bewusst ausatmen. Wir lenken die Aufmerksamkeit auf den Atem und zählen jeden Atemzug beim Ausatmen. Wir zählen von eins bis zehn und fangen dann wieder bei eins an. Das Zählen hilft, die Aufmerksamkeit zu kontrollieren. Wichtig ist zu versuchen, den Fokus dennoch auf den Atem und nicht auf das Zählen zu richten.

Stufe zwei: Bewusst einatmen. Jetzt zählen wir den Atemzug bei jedem Einatmen. Wieder gilt: Bis zehn zählen und dann wieder von vorne beginnen. Der Unterschied zu Stufe eins scheint sehr gering, aber dadurch verschiebt sich die Aufmerksamkeit ganz subtil.

Stufe drei: Auf den Atemprozess achten. Welche Gefühle löst das Atmen in unserem Körper aus? Wie fühlt es sich an, die Luft in unseren Körper strömen zu lassen? Was spüren wir, wenn sich die Bauchdecke beim Atmen hebt und senkt? Jetzt zählen wir nicht mehr, sondern beobachten den Atem. Vielleicht bemerken wir sogar die Stille zwischen den Atemzügen.

Stufe vier: Den Fluss des Atems beobachten. Jetzt konzentrieren wir uns auf einen Aspekt des Atmens. Wir spüren, wie der Atem den Körper verlässt und wieder eintritt, rund um die Nase oder an der Nasenspitze. Wir fühlen zum Beispiel, dass die Luft, die wir einatmen, etwas kühler ist als die Luft, die wir ausatmen.

Am Ende der vierten Stufe richten wir den Fokus wieder auf den gesamten Atemprozess, auf unsere Körperwahrnehmung. Langsam beenden wir die Meditation und öffnen die Augen. Jetzt bleiben wir am besten noch einen Moment sitzen und beobachten, was geschieht, wie wir uns fühlen.

Anfangs wird der Geist wie gesagt abschweifen (eins, zwei … wo habe ich eigentlich das Fläschchen hingestellt … sieben, acht … morgen ist Kindergartenanmeldung … neun, zehn … die Socken sollte ich eigentlich auch noch zusammenlegen …). Wenn das geschieht, beobachten Sie das eine Weile und konzentrieren sich dann wieder. Im Verlauf der Übung wird die Konzentration von selbst besser, die Ablenkungen werden weniger.

Viele Menschen geben das Meditieren auf, weil sie von ihrer eigenen Unkonzentriertheit enttäuscht sind. Doch es hat keinen Sinn, streng mit sich zu sein. Die Achtsamkeit kommt mit der Übung. Rufen Sie sich im Laufe des Tages immer wieder die Meditation in den Geist zurück, achten Sie ganz bewusst darauf, im Hier und Jetzt zu bleiben. Das sorgt über den Tag für ein friedliches, entspanntes Gefühl.

Meditationsübung: Lauschen – was spielt sich draußen ab?

(Für Kinder ab vier Jahren)

Mindestens drei Dinge gleichzeitig tun: Viel zu selten sind wir Erwachsenen im Hier und Jetzt. Kinder können das meist noch ganz gut – stundenlang in sich versenkt spielen, sich dabei auf eine Sache konzentrieren. Mit dieser Übung tragen Sie dazu bei, dass die Kleinen diese Form der Achtsamkeit und des Bei-sich-Seins nicht verlernen.

- Das Kind schließt die Augen und nimmt dabei alle Geräusche in der Umgebung wahr: das Hupen des Autos, das Summen des Kühlschranks, den Ruf eines Vogels, das Lachen der Geschwister.
- Nach einer Minute öffnet das Kind die Augen wieder und es erzählt, was es alles gehört hat.

Mit negativen Gedanken und Gefühlen umgehen

»Wenn du ein Problem hast, versuche es zu lösen. Kannst du es nicht lösen, dann mache kein Problem daraus.«
Buddha

Unser Buch richtet sich an Menschen, die alltägliche Probleme haben. Menschen, die nicht in einem Kriegsgebiet oder in einem Slum leben, Menschen, die wissen, dass am Monatsende noch genug Geld da ist, um Essen zu kaufen, Menschen, die kein todkrankes Kind zu Hause haben. Unser Buch richtet sich an Eltern, die hin und wieder in Stress geraten und ganz normale Probleme mit ihren Kindern haben.

Auch diese Eltern denken hin und wieder: »Ich kann mein Kind nicht mehr ertragen« oder »Ich schaffe das alles einfach nicht mehr.« Auch sie verspüren Zorn oder Niedergeschlagenheit, sind wütend oder traurig. Solche Gedanken und Gefühle werden immer wieder einmal auftauchen, mal schwächer, mal stärker. Doch damit lässt sich umgehen. Wir sind ihnen nicht so hilflos ausgeliefert, wie wir vielleicht denken.

Die folgenden vier Methoden, mit negativen Gedanken und Gefühlen umzugehen, bauen nicht aufeinander auf – Sie können sich also aussuchen, welcher Weg Ihnen am sinnvollsten erscheint. Auf welche Weise Sie vorgehen, hängt von Ihrer Persönlichkeit ab und von der Art der Fragestellung. Wenn eine Methode bei Ihnen versagt, probieren Sie einfach eine der anderen aus.

Auf positive Aspekte konzentrieren

Wenn Gedanken auftauchen, die unerfüllbare Wünsche entstehen lassen, uns dazu verleiten, bestimmte Menschen abzulehnen, oder uns beunruhigen und belasten, sollte man sich nicht zu sehr auf diese Gedanken konzentrieren. Je stärker man sich mit solchen Gedanken beschäftigt, je länger man krampfhaft nach Lösungen sucht, umso mehr Realität und Bedeutung misst man ihnen bei. Viel besser ist es, die Aufmerksamkeit auf ganz andere Aspekte zu richten. Denn es gibt – in jeder Situation – die Möglichkeit, sich auch die guten Seiten des Lebens bewusst zu machen. Zu jedem negativen Erlebnis fallen einem, wenn man nachdenkt, bestimmt zwei positive ein.

Ihr Kind wirft mit Sand nach anderen Kindern? – Gerade hat es noch einen perfekten Sandkuchen gebaut und ist ganz allein geschaukelt!

Ihr Kind macht sich steif und kreischt herum? – Dafür hat es gestern seinen ersten Vier-Wörter-Satz gesagt und weiß bereits, was ein Ventilator ist!

Sie sind müde und haben Hunger? – Dafür genießen Sie gerade den Sonnenschein im Park und können entspannt auf einer Bank sitzen!

Konsequenzen im Auge behalten

Selbst ein unmerklicher Gedanke, ein vages, unbestimmtes Gefühl kann sich in uns festsetzen und entscheidende Konsequenzen haben – für uns selbst, für unser Kind, für unseren Partner. Um belastende Gedanken zu verscheuchen, reicht es oft aus, wenn man sich die Konsequenzen seiner Wunschvorstellungen oder Befürchtungen ausmalt. Machen Sie sich klar, welche Entwicklung ein Gefühl nehmen kann. Wer klar sieht, was in der Realität aus einem Gedanken werden kann, wird bestimmte Gedanken leichter wieder los.

Sie haben von der Elternrolle die Nase gestrichen voll? Dann setzen Sie sich einmal damit auseinander, was es für Ihr Kind bedeuten würde, wenn Sie nicht mehr da wären. Wie wird es aufwachsen? Wer wird sich um Ihr Kind kümmern? Was wird es zu essen bekommen? Mit wem wird es spielen? Denken Sie auch darüber nach, was es für Sie bedeuten würde, wenn Sie nicht mehr Vater oder Mutter wären. Würden Sie sich dann tatsächlich besser fühlen?

Fingermudra: Mushti-Mudra
bei Wut im Bauch

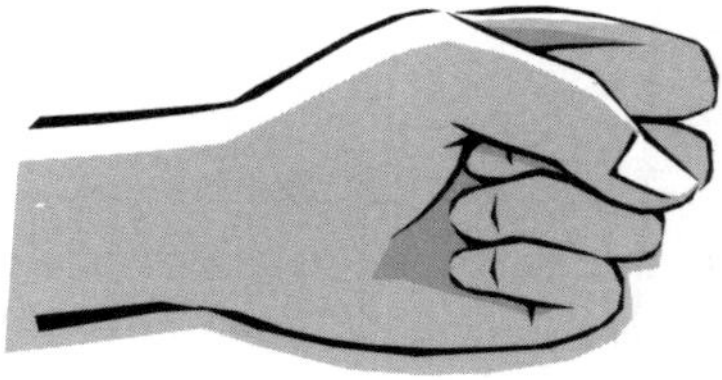

Wenn Wut aufsteigt, muss sie in absehbarer Zeit herausgelassen werden, sonst macht sie uns krank. Diese Mudra hilft dabei.

- Mit beiden Händen eine Faust bilden: Dabei die Finger nach innen schließen, den Daumen über den Ringfinger legen.
- Bei Bedarf dreimal täglich mindestens fünf Minuten durchführen.

Genauso gut: Kräftige Fäuste machen und damit ein Kissen bearbeiten. Oder joggen, stampfen, tanzen. Und dabei darüber nachdenken, was genau Sie an dieser Situation so zornig macht.

Aggressionen und Wut entstehen, ob wir es wollen oder nicht – sie sind ein Teil unseres Gefühlsspektrums. Gerade im Alltag mit Kindern ertappt man sich gelegentlich dabei, dass man knapp davor ist, die Nerven zu verlieren – weil man sich hilflos fühlt, weil man völlig überfordert und übermüdet ist.

Für Ablenkung sorgen

Jeder kennt es, wenn man negative Gedanken einfach nicht mehr aus dem Kopf bekommt. Immer wieder drängen sie sich in den Vordergrund und beanspruchen unsere Aufmerksamkeit, ohne dass wir es wollen. Da hilft es oftmals, einfach etwas ganz anderes zu tun: vielleicht mit dem Kind in den Zoo fahren oder einen Stadtbummel machen oder eine gute Freundin besuchen. Zerstreuung ist auf jeden Fall besser, als sich mit sinnlosen oder belastenden Gedanken herumzuquälen. Vergessen und Verdrängen sind eine vollkommen akzeptable Methode, um die Spirale negativer Gedanken zu stoppen.

Neue Lösungsmöglichkeiten suchen

Man sollte nie vergessen: Es gibt viele Möglichkeiten, um ein Problem zu lösen. Oft glaubt man zwar, dass es keinen Lösungsweg gibt. Oder vielleicht nur einen einzigen, den man aber aus irgendwelchen Gründen nicht wählen kann. So leicht darf man es sich nicht machen.

Sie sind unzufrieden oder missmutig, weil etwas nicht so funktioniert, wie Sie sich das vorgestellt haben? Dann versuchen Sie, sich etwas Neues einfallen zu lassen. Machen Sie Gebrauch von Ihrer Fantasie. Geht es auf die eine oder andere Weise nicht weiter, klappt es vielleicht auf eine ganz neue Art.

Ihr Kind will nicht auf dem Rücken im Kinderwagen liegen? Gut, vielleicht möchte es ja auf dem Bauch liegen. Es will unter keinen Umständen eine Jacke anziehen? Vielleicht tut es ja ein dicker Pullover auch! Es möchte nicht in die Babywanne? Vielleicht will es lieber mit Mama oder Papa zusammen duschen. Es hat keine Lust, jetzt zu lernen? Dann sollte es vielleicht erst ein bisschen spielen und später die Aufgaben machen. Es ist wütend und drauf und dran, um sich zu schlagen? Möglicherweise kann man die schlummernden Zorneskräfte in ein Tobespiel umwandeln.

Für jedes Problem gibt es eine Palette an möglichen Lösungen – natürlich ohne Garantie. An manchen Tagen funktioniert eben gar nichts. Außer die Nerven zu behalten.

Es gibt drei Bereiche negativer Empfindungen, die wir genauer betrachten wollen.

Hass, Wut und Zorn

Buddha sagt: »Groll mit uns herumtragen ist wie das Greifen nach einem glühenden Stück Kohle, in der Absicht, es nach jemandem zu werfen. Man verbrennt sich nur selbst dabei.« Eine der zentralen Erkenntnisse des Buddhismus ist, dass Hass niemals durch Hass besiegt werden kann. Solche negativen Gefühle lassen sich nur mit Liebe überwinden.

Im Buddhismus werden Wut – und verwandte Regungen wie Zorn oder Hass – als Feinde unserer Persönlichkeit betrachtet. Hass, Zorn oder Wut besitzen eine überaus zerstörerische Wirkung auf den Seelenfrieden und auf die Fähigkeit zum Mitgefühl. Man kann diese Emotionen nicht unterdrücken und man wird sie auch nie ganz besiegen können. Aber wir können von unseren Hassgefühlen etwas über uns lernen – ebenso wie von jedem anderen Feind.

Sarah Napthali beschreibt, was diese negativen Gefühle in uns anrichten: »Wenn wir unserer Wut freien Lauf lassen, raubt sie uns Energie, bedroht unsere Gesundheit und unterminiert unsere Fähigkeit, weise Entscheidungen zu treffen.« Wut und Hass können zu einer Spirale von Gewalt und Gegengewalt und so zu Zerstörung führen. Deshalb ist es so wichtig zu lernen, wie man richtig mit Wut umgeht.

Dazu sollte man sich erst einmal klarmachen, dass Wut nur ein vorübergehendes Gefühl ist. Es ist auch verkehrt, wütend auf sich selbst zu sein, wenn man wütend auf andere ist, weil man sich nicht eingestehen will, dass man solche Gefühle in sich verspürt. Man muss das Gefühl einfach reglos aushalten, bis ein anderes Gefühl an die Stelle tritt oder es wieder verschwindet.

Das klingt schwieriger, als es ist. Es bedeutet nämlich, nicht sofort zu reagieren, den ersten Impuls zur Handlung verstreichen zu lassen. Einfach abzuwarten, bevor man etwas sagt oder handelt. Stattdessen zunächst zu

✍ Stefan Rieß

Wut tut keinem gut

Einige Situationen mit Finn haben mich besonders in Wut versetzt. Zum Beispiel wenn wir zusammen im Auto unterwegs waren und Finn unbedingt aus seinem Kindersitz aussteigen wollte. Da er natürlich angeschnallt war, begann er zu schreien. Eine Zeit lang konnte ich das ignorieren. Aber irgendwann platzte mir der Kragen. Es ist einfach unmöglich, sich bei diesem Gebrüll auf den Verkehr zu konzentrieren.

Ich schrie also zurück, er solle sich jetzt nicht so anstellen. Wenn dann Tränen über Finns Gesicht liefen, tat es mir sofort leid. Warum schrie ich den kleinen Kerl an, der unbequem saß und vielleicht nur mal kurz Luft schnappen wollte? Warum bin ich nicht einfach auf den nächsten Parkplatz gefahren und mit ihm eine Runde spazieren gegangen? Wenn ich Finn anschreie, schäme ich mich im nächsten Moment dafür. Das kann ich ihm (und mir) ersparen.

versuchen, den Blick auf die Ursachen zu richten: Was macht mich jetzt genau wütend? Wie kann ich die Ursache beheben?

Wenn die Wut die Oberhand gewinnt, dann ist es wichtig, die Verantwortung zu übernehmen und dem

Kind zu erklären, warum wir jetzt wütend oder zornig geworden sind. Außerdem sollten wir uns dafür entschuldigen – selbst wenn das Kind vielleicht noch gar nicht versteht, was genau vorgefallen ist. Schließlich wünschen wir uns, dass sich unsere Kinder später ebenfalls entschuldigen, wenn sie uns mit ihrem Verhalten verletzt haben.

Es ist ein Irrtum zu glauben, wir müssten unseren Kindern vormachen, dass wir perfekt seien und immer richtig handelten. Kinder durchschauen das sehr schnell als falsche Autorität und werden weniger Respekt vor uns haben, als wenn wir uns als Menschen mit Schwächen und Fehlern zeigen.

Angst und Sorge

Wenn wir unsere Sorgen näher betrachten, können wir dahinter die Forderungen entdecken, die wir ans Leben stellen. Wir entdecken unsere Begierden und unser Anhaften, die Leiden und Angst verursachen (siehe Seite 42). Je mehr Forderungen wir ans Leben stellen, desto größer ist das Potenzial für Sorgen. Wer sein Wohl und Wehe davon abhängig macht, ob seine Kinder allzeit glücklich sind, wird ein Problem bekommen. Denn es ist vollkommen unrealistisch zu erwarten, dass es unseren Kindern immer gut geht. Das wäre für ihre Persönlichkeit sogar eher von Nachteil. Um das Leben

Massage: Kniedruck hilft in den Schlaf

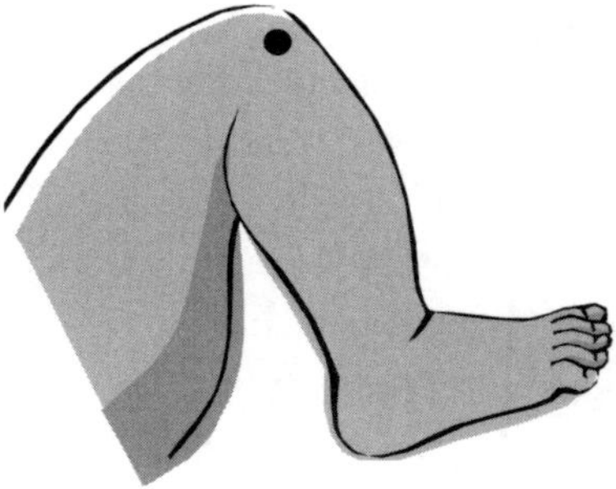

Grummeln in Magen oder Darm macht vielen Kleinen so zu schaffen, dass sie nur schlecht schlafen. Der Kniedruck regt das Immun- und Verdauungssystem sanft an und beruhigt sogar übermüdete Babys.

- Massieren Sie einen bestimmten Punkt unterhalb des Knies Ihres Kindes. Sie finden ihn, indem Sie mit Ihrem Daumen zwischen Schien- und Wadenbein sanft von unten nach oben fahren und einen Fingerbreit unter der Kniescheibe stoppen.
- Halten Sie diesen Punkt etwa eine Minute lang – aber bitte nur dann, wenn sich Ihr Kind wohl dabei fühlt.

zu meistern, braucht es viele Erfahrungen – gute wie schlechte.

Diese Tatsache ändert nichts daran, dass Eltern immer in Sorge um ihre Kinder sein werden: dass sie sich verletzen, dass sie schlecht behandelt werden, dass sie in falsche Gesellschaft geraten und vieles mehr. Wir sehen Gefahren und Risiken, die unsere Kinder noch nicht (er)kennen. Trotzdem sollten wir die Kinder nicht mit unseren Sorgen um sie belasten. Eine der wichtigsten Aufgaben von Eltern ist es, einem Kind Stärke und Selbstbewusstsein zu vermitteln. Und wie begründet auch manche Sorgen und Ängste sein mögen, viele dieser vermeintlichen Bedrohungen existieren nur in unserer Vorstellung.

Grundlose Sorgen anderer Art, wie zum Beispiel dass sich unser Kind nicht richtig entwickelt oder später einmal Schulprobleme haben wird, entstehen in der Regel dadurch, dass wir uns auf einen bestimmten Aspekt der Wirklichkeit konzentrieren und diesen überbewerten. Es besteht kein Grund zur Beunruhigung, wenn das Kind noch keine vollständigen Sätze spricht oder noch nicht selbst essen kann. Wenn wir unsere Wahrnehmung schulen, wenn wir lernen, genau hinzuschauen, dann sehen wir statt der angeblichen Defizite all die großartigen Dinge, die das Kind bereits kann – zum Beispiel allein gehen und klettern.

Indem wir Erwartungen an unser Kind formulieren (»Es muss mit zwölf Monaten laufen können«, »Es soll mit drei Jahren keine Windeln mehr tragen«, »Es soll einmal studieren.«), produzieren wir Sorgen, weil wir unser Glück und unsere Zufriedenheit (und das Glück und die Zufriedenheit unserer Kinder) davon abhängig machen, dass sich diese Erwartungen erfüllen. Wir sollten also diese Erwartungen zurückschrauben und einfach sehen, was kommt. Niemand ist perfekt – wir nicht und unsere Kinder nicht.

Und eins ist sicher: Unsere Kinder sind nicht dazu da, unsere Erwartungen zu erfüllen oder uns stolz zu machen oder in irgendeiner Weise unsere Eitelkeit zu befriedigen. Das sind Gefühle, die mit unseren Kindern nichts zu tun haben, sondern ausschließlich mit uns selbst. Wenn wir unsere Kinder damit konfrontieren, setzen wir sie enorm unter Druck. Wir manipulieren sie und versäumen dabei, ihre ganz persönlichen Fähigkeiten zu entdecken.

Trauer und Niedergeschlagenheit

Wir sind frustriert oder niedergeschlagen, wenn sich unsere Wünsche nicht erfüllen und unsere Erwartungen enttäuscht werden oder wenn wir bestimmte Konflikte nicht lösen können. Auch diese Gefühle muss man aushalten. Man sollte sie auch bei anderen aushalten können, ohne sich davon anstecken zu lassen. Dazu ist es hilfreich, sich zu vergegenwärtigen, dass die Erfüllung unserer Wünsche nicht unbedingt immer das Beste für uns ist. Schließlich lernt man aus seinen Niederlagen mindestens genauso viel wie aus seinen Siegen.

Der Dalai Lama sagt: »Denke daran, dass etwas, was du nicht bekommst, manchmal eine wunderbare Fügung des Schicksals sein kann.« Was sich heute scheinbar gegen uns richtet, kann in der näheren oder ferneren Zukunft nützlich in schwierigen Situationen sein, weil wir die Fähigkeit haben, an Prüfungen zu wachsen.

Leben ist Leiden, heißt es im Buddhismus. Und es gibt Momente im Leben, die uns diese Wahrheit drastisch vor Augen führen. Ein Kind wird krank, die Eltern sterben, der Partner betrügt oder verlässt uns. Wir können daran nichts ändern. Es gibt keinen wirklichen Schutz vor der Härte des Lebens und den Schmerzen, die solche Schicksalsschläge verursachen. Wir können nicht wählen. Wir müssen das Leiden akzeptieren, wenn es uns heimsucht.

Eine andere grundlegende Wahrheit, die alle buddhistischen Denker betonen, lautet: Alles, was geschieht, geht auch vorüber. Und selbst in der schrecklichsten Niedergeschlagenheit steckt Hoffnung. Denn erst wenn wir das Leiden unmittelbar erfahren und wir uns ihm stellen müssen, werden wir wirklich fähig, Mitgefühl für andere zu entwickeln. Das ist der eigentliche Trost, den uns der Buddhismus geben kann: Leiden macht uns einfühlsamer, reifer und stärker.

Meditationsübung: Stille spüren für mehr inneren Frieden

(Für Kinder ab vier Jahren)

Kinder haben eine natürliche Sehnsucht nach Stille. Das zeigt sich eindrücklich darin, dass sie ungnädig und überfordert reagieren, wenn zu viele Reize auf sie einstürzen. Um diese Fähigkeit der Selbstwahrnehmung zu fördern, können Eltern die Übung spielerisch einsetzen.

- Das Kind oder die Kinder gehen durch einen Raum. Jetzt schlagen die Eltern eine Triangel (oder ein Glöckchen, eine Klangschale ...) an.
- Alle Kinder setzen sich im Schneider- oder Fersensitz mit erhobenen Armen hin. Sie schließen die Augen und lauschen still dem Klang.
- Dabei senken sie langsam die Arme. Wenn sie den Klang nicht mehr hören, liegen die Hände wie offene Schalen im Schoß. Die Kleinen lauschen der Stille.
- Danach recken und strecken sie sich und öffnen die Augen wieder.

Wer diese Übung zum Ritual macht (zum Beispiel am Ende des Tages), ermöglicht seinen Kindern, Ruhe und Stille zu erleben – und den bewussten Unterschied zu Lärm und Hektik.

Kleines Krisenmanagement

»Lasse niemals einen kleinen Disput eine große Freundschaft zerstören.« Dalai Lama

Die Eskalation vermeiden

Eltern sind nicht perfekt. Auch nicht (oder vielleicht schon gar nicht), wenn sie viele Jahre Erziehungspraxis haben. Kinder sind erstaunlich kreativ im Erfinden ständig neuer erzieherischer Herausforderungen – je älter sie werden, umso mehr. Wer abends nach einem langen Tag heimkommt, hat vermutlich erst mal keine Zeit, eine halbe Stunde Meditationsübungen einzulegen, um Abstand vom Alltagschaos zu gewinnen und ein bisschen Kraft zu tanken. Obwohl das – wie im Fall auf der rechten Seite – sicherlich dafür gesorgt hätte, sich gegenseitig eine halbe Stunde Schreierei zu ersparen.

Meist trifft uns die geballte Kraft des kindlichen oder jugendlichen Frusts gerade dann, wenn wir erschöpft und ausgelaugt sind. Das Resultat: Wir fühlen uns hilflos und überfordert. Und geraten damit in einen Teu-

✍ *Anne-Bärbel Köhle*

Ein Streit ...

Unlängst habe ich eine Erziehungssituation – besser gesagt eine Erziehungseskalation – erlebt, in der auf einmal ganz viele Probleme und Aspekte, die in diesem Buch zur Sprache kommen, zusammentrafen. Ich kam abends nach einem langen Tag nach Hause. Ich war müde und hungrig. Voller Vorfreude aufs Kochen (eine meiner Lieblingsbeschäftigungen) und auf meine Kinder öffnete ich die Haustür. Und blickte auf das lange Gesicht meines Sohnes.

»Wo ist meine Konzertkarte?«, fuhr er mich an. Und schnauzte: »In diesem Haus verschwindet ständig alles. Bestimmt hast du die Karte ins Altpapier gesteckt.« In diesem Moment hätten mir ein bisschen Gelassenheit, Abstand und vor allem Freundlichkeit gut getan. Aber ich war hungrig. Ich war genervt. Ich war müde. Und blaffte zurück. »Ich habe deine Karte nicht. Ist mir doch egal, wo sie hingekommen ist.« Danach kam es zu einem verbalen Schlagabtausch, in dem mir mein Sohn (zu Recht) Schlampigkeit und ich ihm (ebenfalls zu Recht) mangelnde Sensibilität vorwarf. So hatten wir also beide Recht. Und waren beide unglücklich. Wir vereinbarten, uns zurückzuziehen und über die Situation nachzudenken ...

felskreis. Um zumindest einen Teil der Situation wieder in den Griff zu bekommen, versuchen wir nämlich, unsere Befindlichkeit auf die unserer Kinder zu übertragen.

Ein Streit zwischen Eltern und Kindern ist prinzipiell in Ordnung, wenn die Auseinandersetzung sachlich, ruhig und weitgehend friedlich abläuft. Gerät sie aus dem Ruder, ist es tatsächlich sinnvoll, sich zunächst aus der Situation zu verabschieden: das Zimmer zu verlassen, kurz um den Block zu laufen, zehn Minuten zu meditieren und den Partner zu bitten, derweil die Kinder zu übernehmen. Neue, kreative Gedanken entstehen nur in der Ruhe, in der Besinnung auf unsere Bedürfnisse – und die unserer Kinder. Wenn wir kraftlos in die Krise gehen, drehen sich die Gedanken im Kreis.

Aus Krisen lernen

Krisensituationen bergen eine Fülle an Schmerzpotenzial. Aber auch die Möglichkeit, daran zu wachsen. Immer wenn wir oder unsere Kinder sich in Situationen unwohl fühlen, ist das eine ideale Gelegenheit, genauer hinzusehen: Was läuft im Moment nicht rund? Warum ist die Situation eskaliert? Was genau ist mein Anteil daran?

Wir können von unseren Kindern nicht erwarten, dass sie mit Konflikten so vernünftig umgehen, wie wir

✍ Anne-Bärbel Köhle

… und was sich daraus lernen lässt

Unsere Auszeit währte eine halbe Stunde. Anfangs war ich noch ziemlich wütend auf das Kind. Wie konnte der Junge es wagen, mir, seiner Mutter, dermaßen wenig Respekt entgegenzubringen? Das Gute an solchen Fragen ist: Sie enthalten die Antwort bereits im Kern. Denn ich hatte meinem Sohn mit meiner Aussage: »Ist mir doch egal, wo deine Karte ist«, zu verstehen gegeben, dass ich seinen Kummer nicht respektierte. Seine Renitenz war also eine logische Folge meiner Achtlosigkeit.

Dabei war es mir nicht egal, ganz und gar nicht. Das Wohl meiner Kinder liegt mir am Herzen, auch dann, wenn wir uns streiten. In dieser Situation hatte ich das meinem Kind jedoch nicht vermittelt.

Als wir uns wieder unterhielten, sagte ich ihm genau das: »Es tut mir leid, dass du die Karte verloren hast. Ich kann verstehen, wie traurig und frustriert du deswegen bist.« Er entschuldigte sich, dass er so aufbrausend reagiert hatte – es sei nur Ausdruck seines Zorns gewesen. So hatten wir beide etwas gelernt: Ich, einfühlsamer zu sein. Er, seine Gefühle zu analysieren.

uns das wünschen. Sie sind einfach noch zu jung dazu und haben zu wenig Erfahrung mit den Konsequenzen von Auseinandersetzungen. Umso wichtiger ist es, dass wir Erwachsene uns in Krisen darüber klar werden, wieso es dazu gekommen ist – und welche Lehre wir daraus ziehen können. Die nächsten Kapitel sollen Ihnen dabei helfen.

Kurzer Exkurs über Erziehung

»Teile dein Wissen mit anderen. Dies ist eine gute Möglichkeit, Unsterblichkeit zu erlangen.« Dalai Lama

Kinder sind unberechenbar

Schnell nach einer Handvoll Lutscher im Supermarktregal gegriffen. In Rekordzeit den Wäschekorb ausgeräumt. Binnen fünf Minuten ein ganzes Restaurant aufgemischt, und im Handumdrehen auf dem Spielplatz die Sandburg eines anderen Kindes niedergetrampelt: Wissenschaftliche Untersuchungen zeigen, dass ein normales Kleinkind ungefähr alle drei Minuten etwas tut, was es nicht soll. Behauptet zumindest die amerikanische Psychologin und Harvard-Professorin Carol Dweck.

Oft putzig, was die Kleinen so alles aushecken und was sie sich einfallen lassen. Aber an manchen Tagen sind Kinder, egal wie alt, schlichtweg unerträglich. Sie maulen herum, sind mit nichts zufrieden, schmeißen Legomännchen und Bauklötze in die Ecke, weigern sich zu essen oder zu schlafen. Sie trödeln und treiben uns damit halb in den Wahnsinn. Mit einem Wort: Die Prinzipien der Achtsamkeit und vor allem der Gelassenheit kommen uns fast wie ein Witz vor.

Eltern sein – keine leichte Aufgabe

In solchen Momenten haben wir es als Eltern ganz schön schwer. Die Kinder wissen selbst, dass sie nicht schlagen dürfen, dass ihre Brüllerei nicht richtig ist. Man sieht es ihnen manchmal sogar an, wenn sie uns aus erschrockenen Augen ansehen. Aber wenn sie es schon wissen, warum tun sie es dann?

Die westliche Psychologie und Pädagogik hat in den meisten Fällen gute Erklärungen dafür parat. Da haben wir unseren Kindern keine Grenzen gesetzt, waren nicht konsequent genug. Wir haben sie vielleicht mit einem zu hektischen Tagesablauf überfordert, und jetzt ist die Strafe ungezogenes Verhalten. Möglicherweise befinden sie sich auch in der sogenannten Trotz- oder in der Fremdelphase. Gerade so, als ließe sich jedes Kind und jedes Problem über einen Kamm scheren. Und als könnten wir als Eltern mit der nötigen Konsequenz und Kompetenz alle Probleme in den Griff bekommen.

Genauer gesagt geht es, wenn über Erziehung geredet wird, sehr häufig darum, den Kindern den Willen der Eltern aufzuzwingen und sie dazu zu bringen, das zu tun,

Fingermudra: Kubera-Mudra, damit Wünsche in Erfüllung gehen

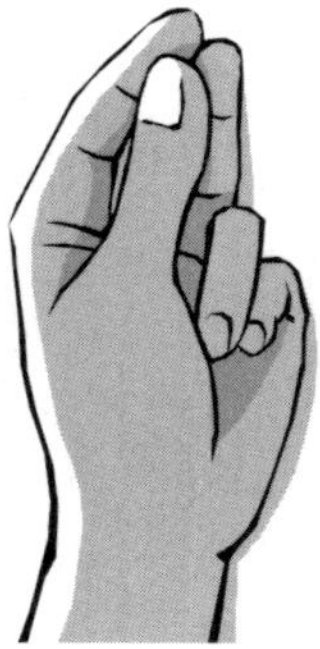

Diese Alltagsmudra hilft dabei, die Gedanken zu sammeln und auf einen Wunsch zu fokussieren. Mit den Fingern gibt man einer Sache/einem Gedanken zusätzlich Kraft. Außerdem schenkt diese Mudra eine Portion Gelassenheit und innere Ruhe.

- Die Spitzen von Daumen, Zeige- und Mittelfinger beider Hände aneinanderlegen. Die anderen zwei Finger liegen in der Handmitte.
- Denken Sie intensiv an Ihren Wunsch.

Bei dieser Übung kommt es nicht darauf an, sie möglichst lange, sondern möglichst intensiv zu machen – und dabei fest an den Wunsch zu denken, der in Erfüllung gehen soll. Zum Beispiel: »Bitte endlich Ruhe im Kinderzimmer! Und das Telefon soll einmal nicht läuten. Außerdem würde ich gern wissen, wo ich das Vorsorgeheft für die Kinder hingelegt habe.«

was die Eltern von ihnen erwarten: nämlich artig sein, schlafen, essen und gute Laune haben. Wenn das aber nicht klappt, entsteht ein Kreislauf von elterlicher Wut und kindlichem »Trotz«, aus dem beide stundenlang nicht herauskommen. Wir wissen, wovon wir sprechen!

Fehler erlaubt!

Gut zu wissen, dass wir nicht alleine sind: »Auch die intuitivsten und klügsten Eltern irren sich im Umgang mit ihrem Kind, jeden Tag, immer wieder. Nahezu stündlich verfehlt man die Bedürftigkeit und Nöte eines Kindes«, beobachtet der renommierte Kinderpsychologe Wolfgang Bergmann. Beruhigend, einerseits. Andererseits: Wie kann man lernen, den Bedürfnissen des eigenen Nachwuchses gerecht zu werden und dabei selbst nicht auf der Strecke und innerlich heil zu bleiben?

Die Antwort klingt einfach, aber entsprechend zu handeln ist manchmal nicht ganz leicht: »Im Grunde geht es nur darum, die Augen offen zu halten, die Ohren auch, die Herzen besonders«, so das Credo des großen Kinderpsychologen. Mit einem Wort: achtsam zu sein und die Bedürfnisse der Kinder zu erkennen. Und im Übrigen zu akzeptieren, dass Eltern nicht ohne Fehler sind, so wie niemand auf der Welt perfekt ist. Sind Eltern ansonsten verlässlich, haben sie für eine gute Bindung zu ihrem Kind gesorgt, lieben sie ihre Kleinen herzlich, dann »dürfen Eltern ihre Fehleranfälligkeit seelenruhig zur Kenntnis nehmen, ihr Kind wird sie schon mit sich selber ausgleichen«.

Das ist schon mal tröstlich. Doch auch der Punkt »Augen, Ohren und Herzen offen zu halten« lässt sich manchmal nicht realisieren. Wer Kinder hat, die schon etwas größer sind, weiß, dass Auseinandersetzungen mit ihnen einer ganz eigenen Logik folgen, die nichts mit unserer Erwachsensicht zu tun hat. Im buddhistischen Sinne kommt es jetzt darauf an, die Ursache des kindlichen Leids zu finden. Erst dann lässt sich dem Problem auf den Grund gehen. Denn jeder Streit hat seine eigene Ursache, und deshalb muss für jedes Problem auch eine ganz eigene Lösung gefunden werden. Aber wie?

Abschied vom inneren Zensor

Kinder erziehen: den Begriff haben wir in der buddhistischen Literatur eigentlich nie gefunden. Denn genau betrachtet bedeutet das Wort Erziehung, dass wir als Erwachsene unsere Kinder formen. Sie sollen lernen, sich zu benehmen, sie sollen Regeln befolgen und einen ordentlichen Beruf ergreifen. Viel von dem möchten buddhistisch motivierte Eltern auch erreichen: dass Kinder halbwegs gute Manieren haben, ist ja nun wahrhaftig nicht zu viel verlangt und macht ihnen (und anderen) das Leben leichter.

In der buddhistischen Tradition lernen es Kinder, indem es ihnen vorgelebt wird. Sie können Höflichkeit und Empathie als wahrhaftigen Teil ihrer Persönlichkeit integrieren, weil der Umgang ihrer Eltern mit ihnen ebenfalls höflich, respektvoll und empathisch ist. In diesem Punkt machen viele westliche Eltern manchmal etwas falsch.

Im Buddhismus geht es darum, jedes Kind als einmalig zu betrachten und anzunehmen – mit einzigartigen Bedürfnissen und einer individuellen Seele. Indem auf die Bedürfnisse von Kindern eingegangen wird, schafft man eine starke Basis. Auf diesem Fundament wird das Kind zu einem in sich ruhenden, freundlichen Erwachsenen. Es klingt so einfach. Und es ist so schwierig. Denn in vielen Vätern und Müttern (die Autoren eingeschlossen) steckt gelegentlich eine Art innerer Zensor, der nicht zulässt, die Dinge so zu nehmen, wie sie sind. Dieser innere Zensor arbeitet und wertet ohne Unterlass. Ständig beurteilt er unser Verhalten und das Verhalten unserer Kinder. So werden wir zu Gefangenen unserer eigenen Erwartungen, ohne es zu merken. Wir formen Meinungen und halten an ihnen fest, mit der absoluten Überzeugung, dass sie richtig sind. Wir stellen sie deshalb auch nicht mehr infrage. Unsere eingeschränkte Sicht der Dinge beraubt uns der Möglichkeit, offen für andere Lösungen zu sein, einen neuen Weg einzuschlagen. Und das führt dazu, dass wir die Wirklichkeit anderer Menschen – zum Beispiel die unserer Kinder – nicht wahrnehmen.

Atemübung: Die Muschel – gegen zu viele Außenreize

(Für Kinder ab vier Jahren)

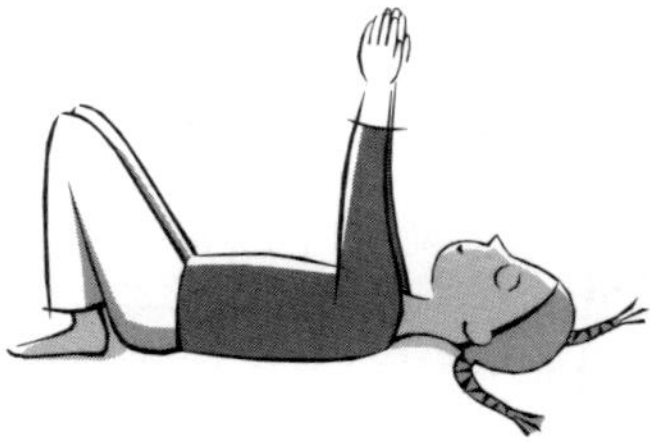

Manchmal haben auch Kinder ganz schön viel um die Ohren! Bauch-Atemübungen wirken dann beruhigend.

- Die Kinder sollen ihre ganze Aufmerksamkeit auf das bewusste Ein- und Ausatmen richten. Das fördert ihre Konzentrationsfähigkeit. Am besten erzählt ein Erwachsener mit ruhiger Stimme:
- »Leg dich bequem auf den Rücken. Winkle deine Beine so an, dass die Füße vor deinem Popo auf dem Boden stehen. Wenn du magst, schließt du deine Augen.
- Strecke jetzt deine Arme nach oben und lege die Handflächen aneinander. Jetzt bist du eine Muschel, die auf dem Meeresboden liegt.
- Wenn du durch die Nase einatmest, öffnet sich die Muschel. Deine Arme und Beine fallen langsam bis auf den Boden. Die Fußsohlen berühren sich. Wenn du ausatmest, schließt sich die Muschel wieder. Die Arme und die Beine gehen wieder zusammen.«

Gut ist es, wenn die Kinder die Übung zwei- bis dreimal wiederholen.

Wie oft hegen wir Erwartungen an unsere Kinder. Erwartungen, die allerdings nicht immer von Liebe zeugen. Wenn wir darauf aus sind, dass unsere Kinder uns durch ihr Verhalten stolz machen oder unser Selbstwertgefühl durch ihr makelloses Benehmen aufpolieren, liegt das zugrunde, was die Buddhisten Anhaften (siehe Seite 42) nennen. Zweifelsohne rühren gewisse Erwartungen an unsere Kinder schlicht von dem Wunsch her, sie mögen glücklich sein. Aber wenn wir von den Kindern Fähigkeiten fordern, die über ihre Möglichkeiten hinausgehen, pressen wir sie in das Schema unserer Erwartungen. Kinder müssen ein Selbstbewusstsein ausbilden können, das nicht daher rührt, dass sie den Erwartungen der Eltern gerecht werden.

Erziehung im Geist des Buddhismus

»Wir können unsere Kinder nur lieben, sie akzeptieren und das Mysterium ihres Seins ehren«, schreiben die buddhistischen Eltern Myla und Jon Kabat-Zinn. Indem wir unsere Kinder vorurteilsfrei zu dem werden lassen, was sie sein können, lassen wir sie wirklich wachsen, wir geben ihnen Wurzeln und Flügel, wir geben ihnen Halt und können sie loslassen. Indem wir sie losgelöst von unseren eigenen Wünschen, Hoffnungen und Erwartungen betrachten, können sie zu eigenen Persönlichkeiten werden.

Kinder müssen ein eigenes Konzept ihrer selbst entwickeln können, bevor sie auf die Bedürfnisse anderer Menschen (zum Beispiel die ihrer Eltern) in einer gesunden und ausbalancierten Weise eingehen können. Sie müssen wissen, wie sie fühlen, was sie brauchen und wollen. Sie müssen zudem lernen, wie sie in einer angemessenen Weise ihre Gefühle zum Ausdruck bringen und wie sie auf andere Menschen emotional offen zugehen. Deshalb haben Eltern im buddhistischen Verständnis vor allem eine Aufgabe: sich wirklich und wahrhaftig als Erwachsene zu benehmen und die Bedürfnisse ihrer Kinder zutiefst zu respektieren.

»Die westliche Medizin«, schreiben Jon und Myla Kabat-Zinn, »gründet auf dem Eid des Hippokrates. Vielleicht sollten auch wir Eltern ihn innerlich ablegen: dass wir, zuallererst, an unseren Kindern keinen Schaden anrichten wollen.«

Probleme im Alltag mit Kindern und wie man sie meistert

»Erziehe dich selbst, bevor du Kinder zu erziehen trachtest.«
Janusz Korczak

Anhand einiger typischer Erziehungsprobleme möchten wir aufzeigen, wie das Dalai-Lama-Prinzip im Alltag mit Kindern funktionieren kann. Dass es dabei Rückschläge gibt, ist völlig normal. Und auch das Gefühl, gelegentlich einen Schritt vor und zwei zurück zu gehen, wird nicht ausbleiben. Schließlich sind wir ja Lernende bei ganz besonders anspruchsvollen kleinen Zen-Meistern: unseren Kindern.

Mein Baby schreit und quengelt dauernd!

Ist die Windel voll? Hat es Hunger? Ist es müde? Oder sind es vielleicht Dreimonatskoliken, Wachstumsschmerzen, Zahnprobleme? Manchmal weiß man einfach nicht, warum ein Kind schreit. Das Problem dabei: Es will und will nicht aufhören!

✍ *Anne-Bärbel Köhle*

Zwei im gleichen Rhythmus

Stundenlang habe ich meinen damals vier Wochen alten Sohn herumgetragen. Erst wimmerte er nur, dann weinte er. Schließlich schrie er sich in Fahrt. Ich hatte versucht, ihn ins Bettchen zu legen. Protestgebrüll! Ich trug ihn weiter. Legte ihn wieder hin. Die nächste Heul-Arie! Nicht zum Aushalten! In meiner Not hatte ich einmal sogar das Zimmer verlassen und mir die Ohren zugehalten, weil ich das Schreien nicht mehr ertragen konnte. Ich hatte ihm die Windel gewechselt, ihn gestillt, ihn in der Fliegerstellung durchs Haus geschleppt, ihn mir auf die Schulter gelegt. Nichts, aber auch gar nichts half.

Irgendwann fiel mir ein, dass meine Mutter meinen Sohn unlängst getragen und dabei gesungen hatte. In sanften Schritten hatte sie sich dazu bewegt, so als würde sie tanzen. Ich nahm meinen untröstlichen Sohn auf den Arm, fühlte seinen Herzschlag, spürte seine Atmung, versuchte meinen Atem an den Rhythmus seines Atems anzupassen, wiegte ihn sanft und sang dazu. Ich war ganz bei ihm, ich nahm ganz eng Kontakt mit ihm und seinen Bedürfnissen auf. Und merkte, dass die Unruhe von mir wich und auch er ruhiger wurde.

Wenn unser Kind weint, spannt sich das Band, das uns mit ihm verbindet, gelegentlich zum Zerreißen. Sein Unwohlsein beeinträchtigt uns. Es gibt uns das Gefühl, hilflos zu sein. Und schließlich fühlen wir uns nervös und gestresst, weil das Schreien unseren Ohren wehtut oder uns vom Schlafen abhält. Die Befindlichkeit unseres Kindes überträgt sich auf uns – und umgekehrt. Auch das Kind spürt unsere Angespanntheit. Das macht es wiederum nervös. Spätestens jetzt beschleicht Eltern der Verdacht, dass sie über die ganze Situation keine Kontrolle mehr haben. Stimmt! Und deshalb ist jetzt genau der richtige Moment gekommen, um loszulassen.

Das können Sie tun: Wenn Sie nicht erkennen können, was Ihr Kind Ihnen mitteilen möchte, dann sollten Sie versuchen, in hautnahen Kontakt mit ihm zu treten. Voraussetzung ist natürlich, dass die grundlegenden Bedürfnisse des Kindes gestillt sind. Und dass es nicht krank ist. Es geht darum, dem Kind zu zeigen, dass es hilfsbedürftig sein darf. Es darf weinen, es darf seine Wut oder seine Frustration ausdrücken.

Nehmen Sie Ihr Kind dazu hoch, und zwar so, dass sein Köpfchen auf Ihren Schultern ruht. Halten Sie es eng an sich geschmiegt und hören Sie auf seinen Atem. Dann versuchen Sie, mit dem Rhythmus Ihres Kindes zu atmen und dabei leise und beruhigend zu summen. Wenn Sie möchten, können Sie in leichten wiegenden

Qigong: Der Bär geht – schult die Achtsamkeit

(Für Kinder ab vier Jahren)

Diese Achtsamkeitsübung lässt sich bestens beim Spazierengehen praktizieren. Genau betrachtet, ist es eigentlich eine bewegte Meditationsübung. Sie bewirkt, dass Kinder früh lernen, Bewusstheit zu entwickeln.

- Das Kind geht wie ein Bär, langsam und behäbig, dabei achtet es auf jeden Schritt. Heben, vorwärtstragen, aufsetzen. Ideal ist es, wenn ein Teilschritt erst ganz beendet ist, bevor sich das andere Bein bewegt.
- Also: Mit dem ersten Bein heben, vorwärtstragen, aufsetzen. Dann erst mit dem zweiten Bein: Heben, vorwärtstragen, aufsetzen …

Ob das Kind dabei schnell oder langsam geht, spielt keine Rolle. Wichtig ist nur, dass es bewusst einen Fuß vor den anderen setzt – so lange es mag. Je länger die Kleinen üben, umso selbstverständlicher klappt es. Wie bei allen Yoga-, Qi-Gong-, Atem- oder Massagetechniken gilt: Bloß kein Zwang! Die Übungen sollten nur dann durchgeführt werden, wenn die Kleinen mitmachen wollen.

Schritten im Rhythmus dazu tanzen. Sie können auch leise meditative Musik auflegen – je gleichförmiger, desto besser. Das entspannt Sie beide!

Ich mache mir ständig Sorgen um mein Kind!

Es gibt Tausende von Situationen, in denen Eltern vor Schreck den Atem anhalten – und ständig kommen neue Stressmomente dazu! Egal, ob unsere Söhne oder Töchter versuchen, mit der Schaukel einen Überschlag zu schaffen, ob sie sich kopfüber die Rutsche hinunterstürzen, allein eine Straße überqueren oder (Jahre später) voller Stolz mit dem neuen Führerschein in der Tasche im Auto davonbrausen. Alle Erwachsenen haben ein Bewusstsein von der Verletzlichkeit kindlicher (und jugendlicher) Existenz. Das ist auch gut so. Schließlich kann einem Kind viel Unglück seelischer und körperlicher Art widerfahren.

Gleichzeitig greift unsere Sorge der Zukunft unserer Kinder vor. Wir möchten jetzt schon alle negativen Ereignisse und jedes Unheil von ihnen abwenden, und zwar, bevor diese eingetreten sind. Hier ist wieder Anhaftung im Spiel. Wir denken mehr an uns und unsere eigenen Bedürfnisse als an unsere Kinder. Der innere Zensor (siehe Seite 145) ist voll präsent!

✍ *Anne-Bärbel Köhle*

Schutzengel auf Distanz

Um Himmels willen! Wie hurtig der Zwerg das Klettergerüst hinaufgekrabbelt ist! Jetzt thront er in drei Metern Höhe (gefühlte zehn Meter), klammert sich an einem Seil fest. Und lacht! Wenn er jetzt loslässt, dann tut er sich höllisch weh. Vielleicht fällt er auf den Kopf – nicht auszumalen.

Jetzt habe ich zwei Möglichkeiten: Entweder ich warte, was passiert, und hoffe, dass er heil wieder nach unten kommt. Oder ich helfe ihm. Beides unbefriedigende Lösungen. Denn wenn ich ihn herunterhole, dann beraube ich ihn einer Erfahrung. Wenn ich warte und es passiert ihm etwas, mache ich mir ewig Vorwürfe.

Ich entscheide mich für einen Zwischenweg. Klettere das Gerüst nach oben zu ihm. Gemeinsam bewundern wir kurz die Aussicht. Ich halte derweil heimlich eine Hand unter seinen kleinen Hintern, aber so, dass er es nicht merkt. Beim Herabsteigen bin ich immer ein Stückchen unter ihm, sodass ich ihn notfalls fangen kann, wenn er stürzt. Tut er aber nicht. Er klettert behände nach unten. Die Freude über seinen kleinen Ausflug steht ihm immer noch ins Gesicht geschrieben.

Das können Sie tun: Es ist ein steter Balanceakt, seinen Kindern das Gefühl von Sicherheit zu schenken und ihnen gleichzeitig klarzumachen, dass die Wirklichkeit sehr unsicher sein kann. Um sich in einer wandelnden und unvorhersehbaren Welt stark fühlen zu können, gilt es die beiden gegensätzlichen Ansätze miteinander zu versöhnen.

Das kann man tun, indem man mit älteren Kindern, etwa ab drei Jahren, gefährliche Situationen in einer Art und Weise bespricht, die sie nicht einschränkt. Sie können dem Kind sagen, dass es sich gut festhalten muss, wenn es klettert. Sie können das Kind fragen, wie es sich in einer Situation fühlt: »Hast du ein bisschen Angst?« Wenn das Kind Ihre Hilfe fordert, dann sind Sie zur Stelle.

So ermöglicht man es seinen Kindern, ihre Grenzen zu entdecken und gleichzeitig auf ihr eigenes inneres Warnsystem zu hören. Auf diese Weise erkunden sie ganz allmählich ihren Kosmos, erfahren ihre Stärke, finden Spaß und Lust daran, die Welt zu erobern. Kindern aus eigener Furchtsamkeit alles zu verbieten, führt dazu, dass man sie ebenfalls zu ängstlichen Menschen macht.

Manchmal muss man einfach einschreiten, ohne Diskussion. Ein Kind die Rutsche allein hinuntersausen lassen, ist in Ordnung. Einen Dreijährigen allein über die Straße lassen, geht nicht. Punkt.

Wo aber verläuft die Grenze? In jedem von uns selbst. Doch man kann diese Grenze verschieben, indem man sich immer wieder daran erinnert, sich die wahren Bedürfnisse der Kinder vor Augen zu halten. »Ein Kind, das sich wild und auch mal maßlos und intensiv fühlt, das wilden Triumph erlebt und ihn mit Jubel begleitet, das kommt auch mit Niederlagen besser zurecht. Offenheit und Wagemut sind Talente von Kindern und in beiden nistet das Glück«, schreibt der Kinderpsychologe Wolfgang Bergmann. Und er kritisiert: »Alle Erziehungsratgeber und psychologischen Betreuungen haben etwas Gedämpftes, einen langweilig milden, absichernden und risikoscheuen Tonfall.«

Das Leben besteht nun mal aus Polarität. Die Aufregung, die ein Kind in Bewegung setzt, die Spannung, bei der es vibriert, der jubelnde Stolz und die bittere Niederlage: All das stärkt die Kleinen. Es gibt kein Kinderglück ohne Trauer. Und ohne Trauer keine starken Kinderseelen. Man kann seinen Kindern auch nicht ständig alles abnehmen, selbst wenn man es wollte. Kinder müssen die Erfahrung machen, dass das Leben voller Herausforderungen steckt. Sie haben das Recht dazu, ihre eigenen Strategien zu entwickeln, um damit fertig zu werden. Und anschließend voller Stolz auf die eigene Leistung, auf die eigene Lösung des Problems zurückzublicken.

Natürlich können wir Erwachsenen besser vorausschauen, weil wir bereits aus Erfahrungen gelernt haben. Wir ahnen in weiser Voraussicht, was auf unser Kind zukommen könnte. Dass eine schlechte Zensur droht, wenn es nicht genug lernt; dass es Ausgrenzung erfahren könnte, wenn es sich mit seinen kleinen Freunden anlegt; dass es sich wehtun könnte, wenn es sich zu viel zutraut. Aber damit das Kind aus diesen Erfahrungen lernt, dürfen wir es nicht davon abhalten, sondern es muss selbst die Erfahrungen machen. Und schließlich gibt es immer noch uns, die Eltern, wenn das Kind Zuspruch und Hilfe braucht.

Ich habe keine Zeit mehr für mich!

Wann hat man eigentlich zuletzt ein Kino von innen gesehen? Oder ein Restaurant besucht? Wann war das letzte Mal, dass man eine Arbeit ungestört zu Ende bringen konnte? In Ruhe ein Buch lesen, ein Gespräch mit einem Erwachsenen führen, ohne dauernd unterbrochen zu werden: All das ist Äonen her. Nachts fünfmal aufgestanden, um zu stillen. Tagsüber zehn Windeln gewechselt und vor lauter Füttern, Wickeln, Trösten noch nicht mal zum Duschen gekommen. Was für ein Leben!

Ein Säugling hat noch kein Konzept davon, dass auch Erwachsene ein Recht auf Ruhe haben. Das kommt erst später. Einem Vierjährigen kann man deutlich sagen: »Ich möchte erst noch das Buch zu Ende lesen ..., abspülen ..., mit meiner Freundin zu Ende telefonieren ... Dann bin ich für dich da.« Bei größeren Kindern ist es sogar nötig, ab und zu auf die eigene Zeit zu pochen. Bei Babys ist das nicht möglich.

Yoga: Die Standwaage – Balance finden

Das ist eine Blitzübung, wenn man gerade ein wenig sein seelisches Gleichgewicht verloren hat.

- Mit einem Bein stehen Sie fest auf dem Boden, das andere winkeln sie leicht an.
- Jetzt öffnen Sie die Arme langsam, drehen dabei den Kopf zur Seite des Standbeins.
- Drei- bis viermal ruhig ein- und ausatmen. Dabei sollten Sie versuchen, das äußere Gleichgewicht zu halten. So finden Sie auch die innere Balance wieder.
- Anschließend ist die andere Seite dran.

Wenn ein Kind das Licht der Welt erblickt, geht es mit der Mutter, in manchen Fällen auch mit dem Vater, eine innige Symbiose ein, die eines sichert: sein Überleben. »Das Neugeborene oder das Kleinkind entfaltet im Ineinander mit Mama sein eigenes, seelisches Leben«, so der Kinderpsychologe Wolfgang Bergmann. Schritt für Schritt muss das Kind (und seine Eltern) lernen, sich aus dieser Verschmelzung zu lösen. Aber bevor das passiert, benötigt das kleine Wesen die Gewissheit, dass es immer und an jedem Ort von einem Menschen wahrgenommen wird. Und zwar mit liebenden Augen, mit unmittelbarer Präsenz.

In diesem Verschmelzen wird das Baby ganz ruhig. »Stillung« nennt das Bergmann. Sie »ist Voraussetzung eines inneren Friedens, den das Kind jetzt erfährt und in sich aufnimmt, dann wird es ihn als Jugendlicher und dann wieder – entlang vielen Reifungsvorgängen – als Erwachsener finden können. Findet es diesen inneren Frieden nicht, dann wird die Friedlosigkeit noch den erwachsenen Menschen um und um treiben.«

Auf der anderen Seite regt sich im Kind bald der Wunsch nach Selbstständigkeit. Es will das Geheimnis des Lebens allein entdecken. Kleine Kinder wollen das eine wie das andere: selbstständig sein und immer und ewig bei den Eltern bleiben. Doch die Zeit wird kommen, dass sie sich auf ihren eigenen Weg machen. Ganz sicher sogar. Und vermutlich schneller, als uns lieb ist. Da ist es gut, wenn Eltern ein starkes Fundament des

Vertrauens in die Welt geschaffen haben. Daran sollte man denken in der Phase, in der Kinder einem sehr wenig Freiraum lassen.

Das können Sie tun: In Momenten, in denen Sie das Gefühl haben, zu kurz zu kommen, tut es gut, in Kontakt mit dem eigenen Atem zu treten. Der Atem fließt beständig. Er gibt Ihnen Aufschluss über Ihre Befindlichkeit. Wie fühlt sich Ihr Atem gerade an? Für ein paar Minuten ganz achtsam und bewusst in sich hineinzuatmen, sorgt für ein kleines bisschen inneren Freiraum. Sie spüren den Atem wie ein Schiff, das auf den Wellen schaukelt, wie einen Fluss, der stark und beständig strömt. Der Brustkorb weitet sich, die Luft fließt in Ihren Bauchraum. In diesem Moment lassen Sie die Zeit hinter sich, entfernen sich vom konstanten Gedankenstrom, von Ihren Frustrationen. Atmen und Windel wechseln. Atmen und Stillen. Atmen und das Baby tragen. Bewusst atmen ist immer möglich.

Dennoch brauchen Eltern auch mal Zeit für sich. Sorgen Sie deshalb ganz bewusst dafür, dass Sie Freiräume haben. Bitten Sie Ihren Partner, mindestens einmal in der Woche das Kind zu nehmen, damit Sie Zeit für sich haben. In dieser Zeit – mindestens ein bis zwei Stunden – sollten Sie sich möglichst auch räumlich von Ihrem Kind trennen (sonst hören Sie doch nur wieder mit halbem Ohr hin, ob alles in Ordnung ist!). Vielleicht geht Ihr Partner, ein Babysitter oder eine gute Nachbarin mit

Ihrem Kleinen spazieren. Dann können Sie in aller Ruhe ein Bad nehmen, ein Buch lesen, meditieren, in der Sonne einen Cappuccino trinken (nein, nicht fernsehen oder mit schlechtem Gewissen endlich mal wieder bei den Eltern anrufen). Alles was zählt, ist, dass Sie im besten Sinne des Wortes wieder zu sich selbst kommen.

Mein Kind »trotzt«!

Das Leben mit Kleinkindern kann gelegentlich ganz schön peinlich sein. Wenn sie im Supermarkt ruck, zuck ein Regal ausräumen oder sich mitten auf der Straße kreischend hinfallen lassen, sind Nerven gefragt. Die Erklärung, laut Erziehungsratgeber: Das Kind trotzt. »Ein dummes Wort«, findet der Kinderpsychologe Wolfgang Bergmann. »Machen wir uns klar«, meint er, »dass es Trotz gar nicht gibt. Es gibt allerdings hundert und mehr Anlässe zu kleinen Streitereien zwischen Mama und Kind, zwischen Papa und Kind. Aber der Anlass ist immer ein anderer, immer handelt es sich bei genauerem Hinsehen um eine neue, meist komplizierte Ursache. Zu reden ist von gekränktem Stolz oder gestörter Tüchtigkeit. Von hunderterlei Irritierungen. Aber nicht von Trotz.«

Das stimmt. Denn wenn es Eltern gelingt, hinter die Situation zu blicken, indem sie kurzfristig versuchen, diese mit den Augen des »trotzigen« Kindes zu sehen, wird vieles klarer. Ein Beispiel: Ein kleines Mädchen spielt hingebungsvoll mit seiner Puppe, summend zieht es der Puppe ein neues Kleidchen an, aber es versucht, ihm die Hose als Jacke anzuziehen. Das kann ja nicht funktionieren! Also bietet der Vater an, seiner Tochter zu helfen. Die aber schreit los und schlägt nach ihm.

Mit Trotz hat dieses Verhalten nichts zu tun. Dahinter steckt eine andere Erklärung: Kleine Kinder besitzen ein tiefes Gefühl für die Dinge um sie herum, weil sie alles so durchlässig erleben. Wenn sie frieren oder Hunger haben, erleben sie sich als hilflos und ohnmächtig, denn sie wissen, sie brauchen einen Erwachsenen, um sich wieder wohlzufühlen. Dieses tiefe Gefühl für die Dinge erstreckt sich auch auf das Spielen, in dem Beispiel auf die Puppe, die das Mädchen hätschelt und pflegt. Und jetzt wird es dabei gestört. Es wehrt sich und haut nach dem »Störenfried«.

Diese Reaktion muss man sich als Vater oder Mutter nicht bieten lassen. Deshalb sollte man dem Kind sagen: »Du tust mir weh, wenn du mich haust.« Aber im zweiten Schritt lohnt sich das Nachdenken darüber, wie es zu der vermeintlichen Trotzreaktion kommen konnte. Und das geht nur, indem wir einen Moment innehalten und überlegen, wie sich die Welt aus der Sicht des Kindes darstellt.

Die Fähigkeit zur Empathie führt zum Verstehen. Aus dem Verstehen ergibt sich eine Lösung. Mangel an Empathie führt – leider – zu falschen Reaktionen. Auch in Situationen, in denen wir uns von unseren Kindern falsch behandelt und zurückgewiesen fühlen, sollten wir versuchen, achtsam und freundlich zu bleiben und nicht zu werten.

Ein anderes Beispiel: Eine typische Szene im Supermarkt. Eine offensichtlich erschöpfte Mutter hat drei Tüten in jeder Hand. Ihre dreijährige Tochter geht hinter ihr und jammert: »Ich kann nicht mehr laufen.« Die Mutter ignoriert sie zunächst (sie hat ja wahrhaftig alle Hände voll zu tun), also lässt sich die Kleine auf den Boden fallen und brüllt, jetzt eine Oktave höher: »Ich kann nicht! Trag mich!«

Eine klassische Zwickmühle. Jetzt das Kind anzufahren, verschärft die Situation. Die Taschen *und* den tobenden Zwerg tragen ist andererseits menschenunmöglich. Also muss die Mutter einen Kompromiss suchen, bei dem das Kind gleichwertig behandelt wird. Wie der aussehen könnte, erklärt der dänische Familientherapeut Jesper Juul:

»Mutter: Sind deine Beine wirklich so müde, dass du es nicht mehr zum Auto schaffst?

Tochter: Ja, ich kann nicht mehr laufen.

Mutter: Okay. Ich bin auch müde und kann nicht gleichzeitig dich und die Tüten tragen. Kannst du hierbleiben und auf die Hälfte der Tüten aufpassen, während ich die anderen schon mal wegbringe? Dann komme ich zurück und hole dich.

Tochter: Nein, ich will mit dir gehen.

✍ *Anne-Bärbel Köhle*

Die »Körperbrett-Nummer«

Manchmal lässt sich leider nie eine Erklärung finden, warum Kinder sich gerade bockig verhalten. Felix hatte zum Beispiel die Angewohnheit, sich steif wie ein Brett zu machen, indem er den ganzen Körper anspannte. Den Trick setzte er bei vielen Gelegenheiten ein: wenn er keine Lust hatte, das Haus zu verlassen, wenn er nicht in seinem Kinderwagen sitzen wollte, wenn er sich weigerte, in seinen Mantel zu schlüpfen. Eine unglaubliche Muskelleistung! Und sehr effektvoll. Es war dann nämlich schier unmöglich, ihm etwas anzuziehen, ihn in seinen Buggy zu setzen oder ihn zu tragen.

Wir haben nie den tieferen Sinn dieser »Körperbrett-Nummer« verstanden. Da half nichts: kein gutes Zureden, kein Drohen, kein Locken. Vielleicht hatte Felix einfach Spaß daran, ein derart effektvolles Mittel gefunden zu haben, um Erwachsene in die Ratlosigkeit zu treiben. Wir wissen es bis heute nicht. Aber irgendwann hat es von selbst wieder aufgehört.

Mutter: Wenn du das willst, dann musst du alleine laufen. Ich kann dich jetzt nicht tragen.«

Eine weitere Lösungsmöglichkeit könnte so aussehen:

Mutter: »Ich sehe, dass du sehr müde bist. Das bin ich auch. Ich bin so müde, dass ich es nicht schaffe, dich und die Tüten zu tragen. Also setzen wir uns jetzt hier an die Wand und ruhen uns beide ein bisschen aus, bis du weitergehen kannst.«

Das können Sie tun: Wenn Sie das Gefühl haben, in einer Situation völlig den Überblick zu verlieren, können Sie in diesem Moment nur eines tun: nämlich gar nichts. Sie halten die Zeit an. Die ganze Aufmerksamkeit gehört in diesem Moment Ihnen selbst, Ihrem Kind, der Situation, in der Sie stecken. Aber Sie agieren nicht. Sie denken über keine Lösung nach, Sie beobachten nur und warten, was passiert.

Entfernen Sie sich dazu für eine Minute aus der Situation. Setzen Sie sich etwas abseits von Ihrem Kind an einen Platz, aber so, dass Sie Ihr Kind im Auge behalten können. Nun beobachten Sie sich selbst und Ihr Kleines. Versuchen Sie dabei alles Wertende aus Ihren Gedanken zu verbannen. Sie sind einfach nur da – an diesem Ort, in dieser Minute. Versuchen Sie, mit jedem Atemzug Ihre Hilflosigkeit erst zu erkennen und dann mit dem Ausatmen ziehen zu lassen. Sie sind wütend? Atmen Sie ein. Und mit dem Ausatmen versuchen Sie, sich davon zu

Qigong: Die Zauberfaust – weg mit dem Ärger!

(Für Kinder ab vier Jahren)

Manchmal könnten die Kleinen platzen vor Zorn – die Energie müssen sie natürlich möglichst schnell loswerden. Mit dieser Übung klappt es bestens. Denn jetzt brauchen die Kinder richtig Kraft!

- Beine auseinanderstellen, leicht beugen, den Rücken aber gerade halten. Die Füße schauen nach vorne. Jetzt sagen Sie Ihrem Kind (und machen es ihm am besten vor):
- »Stell dir vor, wie du deine Kraft sammelst. Sie findet sich in deiner Faust! Jetzt lass die ganze Wut mit deiner Faust nach vorne schnellen. Führe die andere Hand gleichzeitig an den Körper heran – und jetzt lässt du diese Faust nach vorne schnellen!«

verabschieden. Vielleicht finden Sie keine Lösung. Das ist nicht schlimm. Wichtig ist nur, dass sie ein klein wenig von Ihrer Gelassenheit zurückgewinnen. Das ermöglicht Ihnen nämlich einen frischen Blick auf die Situation. Und verhindert, dass die Situation noch weiter eskaliert.

Mein Kind wird wütend!

Wenn Kinder richtig wütend werden, können sie sich in Sekundenschnelle in kleine Monster verwandeln. Viele Eltern erschrecken über die Macht der kindlichen Gefühle. Vor allem dann, wenn sich Kinder nicht mehr beruhigen lassen. Erst reagiert man als Erwachsener vielleicht irritiert, irgendwann ist man dann selbst sauer. Warum schreit das Kind so fürchterlich? Wieso weigert es sich, etwas Bestimmtes zu tun? Oft kommt es Vätern und Müttern vor, als würde das Kind völlig sinnlose Reaktionen zeigen.

Dabei übersehen wir etwas ganz Wichtiges: In diesem Moment sind wir nicht achtsam. Wir interpretieren das Verhalten des Kindes (... vielleicht hat es Hunger, ... bestimmt ist es total übermüdet, ... schon wieder dieser Trotz !), anstatt dem Verhalten auf den Grund zu gehen. Der innere Zensor lässt grüßen! Wir übersehen, dass wir das Kind und seine Reaktion nur (noch) nicht verstanden haben. Vielleicht regt sich schon ein Zweifel in uns. Dennoch rechnen wir dem Kind eine gewisse

✍ *Stefan Rieß*

Hier spielt die Musik, Papa!!

Ich sitze mit Finn auf dem Spielplatz. Während Finn im Sand spielt, helfe ich einem kleinen Mädchen auf die Rutsche. Finn beobachtet die Situation und kommt, nachdem ich mich wieder hingesetzt habe, zu mir gelaufen. Er wirft Sand nach mir. Dabei rutscht er aus und plumpst wieder in den Sandkasten. Er wird wütend. Er kommt mit der Schaufel zu mir und sagt: »Papa hauen!« Ich frage ihn, warum er mich hauen möchte. Und er antwortet wie so oft: »Weil der Carlo hingefallen ist.« Weder meine Frau noch die Leiterin der Kinderkrippe und der Babysitter wissen, wer Carlo ist. Aber er taucht immer dann auf, wenn Finn etwas zugestoßen ist oder ihm etwas nicht gelungen ist und er richtig wütend wird.

In diesem Fall war ich der Grund seines Ärgers. Statt die Sandkuchen meines kleinen Helden zu bewundern, habe ich einem fremden Mädchen geholfen!

Schuld an – nicht zuletzt daran, uns auf die Nerven zu gehen.

Doch meist liegt der Fehler ganz am Anfang. Bei nötiger Aufmerksamkeit – Achtsamkeit – hätten wir als Eltern vielleicht gemerkt, was wirklich los ist.

Kinder müssen wütend sein dürfen. Sie müssen ja die ganze Bandbreite ihrer Emotionen kennenlernen. Denn daran gebricht es gerade uns Erwachsenen so häufig. Wenn wir als Kinder früher »unartig« waren, wurden wir von unseren Eltern bestraft. Auf diese Weise zwangen sie uns, brav und lieb zu sein. Und erzielten doch nur einen fatalen Effekt: nämlich dass wir uns angewöhnten, unangenehme, schwierige Gefühle beiseitezuschieben, sie nicht als Teil unserer Persönlichkeit zu akzeptieren, an dem wir achtsam arbeiten können.

Das negative Verhalten unserer Kinder (wie auch unser eigenes) ist bei genauer Betrachtung oftmals ziemlich verständlich. Das setzt allerdings voraus, achtsam genug zu sein, ihre Sicht der Dinge wahrzunehmen. Vielleicht ist das Kind tatsächlich gerade müde. Vielleicht ist etwas geschehen, das vom normalen Tagesablauf abweicht. Vielleicht hat es nur Hunger.

Es geht nicht darum, dass Eltern unakzeptables Verhalten hinnehmen. Doch wir sollten uns bemühen, für einen kurzen Moment wertfrei und freundlich das Geschehen zu betrachten. Die Lektion, die wir in diesem Moment lernen, lautet also: das Kind zu akzeptieren, wie es ist, ohne unsere eigenen Bedürfnisse und Unsicherheiten auf das Kind zu projizieren.

Wir dürfen nicht vergessen: Kinder sind nicht unser Eigentum. Sie stehen unter unserem Schutz. Dennoch neigen Eltern (auch die Autoren gelegentlich) dazu, die eigenen Erwartungen auf das Kind zu übertragen. Wie kann es sich nur so aufführen! Wie peinlich das ist! Was sollen nur die anderen Leute denken! Wir können den negativen Gedankenstrom auch unterbrechen, indem wir uns zum Beispiel klarmachen, dass bestimmte Verhaltensweisen unserer Kinder nichts mit uns selbst zu tun haben.

Wenn ein Kind, egal wie alt es ist, spürt, dass wir es voll und ganz akzeptieren, wenn es fühlt, dass wir es lieben, auch wenn es gerade unausstehlich ist, dann wird das Kind auch in diesem schwierigen Augenblick genährt. Es realisiert, dass unsere Liebe nicht gebunden ist an sein umgängliches, liebenswürdiges Selbst, sondern an seine ganze Person. Das gibt ihm die Chance, ein ausgeglichener und ganzer Mensch zu werden.

Im Übrigen geht es bei heftigen emotionalen Ausbrüchen gelegentlich einfach nur darum, dass die Kleinen mit großem Vergnügen versuchen, ihre Macht auszutesten. Was Eltern als Auflehnung erscheint, ist immer Aufbruch, Neugier, Abenteuerlust, kindliche Verwegenheit. Das Gute daran: Ein Kind verhält sich nur dann so, wenn es sich bei den Eltern geborgen fühlt. Das Kind hat Lebensmut bei den Eltern gelernt. Und jetzt wendet es sich selbstbewusst seiner Entwicklungsaufgabe zu: zu lernen, auf eigenen Beinen zu stehen.

Dass das Kind dabei weder sich selbst noch andere schädigen darf, steht außer Frage. In so einem Fall müssen Eltern einschreiten und dem Kind erklären, warum sein Verhalten nicht akzeptabel ist.

Das können Sie tun: In schwierigen Situationen wie einem Wutausbruch des Kindes hilft es, sich zu fragen: Wie sieht die Welt eigentlich gerade aus der Sicht meines Kindes aus? Was geht in dem Kind vor, wenn es zum Beispiel einen Turm baut? Wie stolz ist es, wenn es klappt? Wie frustriert, wenn der Turm in sich zusammenbricht? Was könnte die Ursache sein, wenn mein Kind sich weigert, in den Kindergarten zu gehen? Wovor könnte sich mein Kind fürchten, wenn es nicht einschlafen kann? Das Wechseln der Perspektive hilft Ihnen, die Sichtweise Ihres Kindes einzunehmen und seine wahren Bedürfnisse zu erkennen.

Bei größeren Kindern lässt sich die Wut auch kanalisieren. Zum Beispiel, indem Sie sagen: »Okay, du bist jetzt gerade wahnsinnig wütend. Kannst du mir erklären, warum? Was könnte jetzt helfen, damit du nicht mehr so wütend bist? Was kann ich tun, damit du dich besser fühlst?«

Mit Rückschlägen fertig werden

> *»Wenn du feststellst, dass du einen Fehler gemacht hast, ergreife sofort Maßnahmen, um ihn wiedergutzumachen.«*
>
> Dalai Lama

Allen Eltern passiert es gelegentlich: Sie verlieren den Überblick, der Geduldsfaden reißt und die Nerven liegen blank. Da hilft nicht einmal der beste Vorsatz zur Gelassenheit, nicht das größte Herz und übrigens auch keine jahrelange Erfahrung. Meist passiert es, wenn man erschöpft und am Rande seiner Kräfte ist. Statt einem Zweijährigen bei seinem Tobsuchtsanfall beizustehen, schreit, schimpft und tobt man selber.

Wie wunderbar wäre es, wenn wir in dieser Situation in der Lage wären, die Position unseres Kindes einzunehmen und nicht zu werten. Wie heilsam wäre es, dem Kind in diesem Moment Rückhalt zu geben und Verständnis zu zeigen. Aber es klappt beim besten Willen nicht immer.

✍ *Anne-Bärbel Köhle*

Die Wutspirale

Maximilian ist neun Jahre alt. Er soll ins Bett. Es ist halb elf Uhr abends. Ich habe an diesem Tag viel gearbeitet. Und ich freue mich schon seit eineinhalb Stunden darauf, dass endlich Ruhe herrscht und ich Zeit für mich habe. Doch leider habe ich die Rechnung ohne meinen Filius gemacht. Er ist nicht müde. Er will nicht ins Bett. Er möchte fernsehen.

Als ich ihm das verbiete, fängt er zu schreien an. »Du weckst deinen Bruder auf«, versuche ich ihn zu beschwichtigen. Aber er kreischt unbeirrt weiter. Inzwischen hat er sich richtig in Rage gebrüllt. Mittlerweile ist sein kleinerer Bruder tatsächlich aufgewacht und fängt zu weinen an. Na, bestens! Zwei schreiende Kinder und nicht der Hauch einer Chance auf ein bisschen Ruhe.

Ich merke, wie eine unglaubliche Wut in mir aufzieht. Wie kann Maximilian nur so rücksichtslos sein! Dass ich in diesem Moment nur meine Warte der Dinge sehe, nehme ich schon gar nicht mehr wahr. Ich fange ebenfalls zu brüllen an, schicke ihn in sein Zimmer, knalle die Tür hinter ihm zu. »Du bleibst jetzt da drin«, pfeife ich ihn an. »Sonst kannst du was erleben.« Ich bin so zornig, dass Maximilian tatsächlich in seinem Zimmer bleibt. Aber ich höre, wie er Sachen auf den Boden pfeffert und lauthals dazu schimpft.

Die Situation ist mir deshalb so gut in Erinnerung, weil sie so deprimierend, so ergebnislos und so unendlich anstrengend war. Irgendwann muss mein Sohn tatsächlich eingeschlafen sein. Ich habe davon nichts mitbekommen, weil ich, zitternd vor Erschöpfung und Zorn, mit Kopfhörern laut Musik gehört habe, um seine Wut zu überhören.

Von Schuldgefühlen und schlechtem Gewissen befreien

Die meisten Eltern fühlen sich ziemlich mies, wenn sie in einer Situation überreagiert, ihre Kinder angeschrien, sie eingeschüchtert oder sie bestraft haben. Sie empfinden Reue. Sie haben ein schlechtes Gewissen. Sie fühlen sich um Lichtjahre zurückgeworfen in ihrer inneren Entwicklung. Sie fühlen sich schuldig.

Im Buddhismus ist das der falsche Ansatz. Interessanterweise gibt es im Tibetischen nicht einmal eine Entsprechung für das deutsche Wort »Schuld«. Allerdings existieren Begriffe, die »Bedauern«, »Gewissensbisse« oder »Reue« im Sinne von »die Dinge in Zukunft richtigstellen« bedeuten. Sich schuldig zu fühlen ergibt im buddhistischen Weltbild keinen Sinn. Denn Schuld bedeutet Leid. Deshalb lehrt der Dalai Lama, ohne dieses Stigma zu leben. Und zwar dadurch, dass wir unsere Denkgewohnheiten infrage stellen und alternative Sichtweisen überlegen, die uns in Zukunft nützlich sein könnten. Schuldgefühle kommen auf, weil wir davon überzeugt sind, einen nicht wieder gutzumachenden Fehler begangen zu haben. Die Qual des Schuldgefühls beruht darauf, dass wir denken, jedes Problem sei permanent. Aber der Dalai Lama lehrt: Das Leben ist im Fluss. Es gibt nichts, was sich nicht permanent ändert.

Nach Alternativen suchen

Erziehungskrisen – und unser gelegentlich hilfloser Umgang damit – sind vor allem eines: eine Chance, die Dinge zurechtzurücken und etwas daraus zu lernen. Und sich Fragen zu stellen:

- Welche anderen Handlungsmöglichkeiten wären mir sonst noch offengestanden?
- Wie kann ich künftig mit meinen negativen Gefühlen umgehen, ohne die Situation noch zu verschlimmern?
- Welche alten Muster stecken hinter meiner Verhaltensweise? Welche Erfahrungen habe ich als Kind gemacht, welche Rolle haben meine Eltern gespielt?

Fingermudra: Matangi-Mudra zum Stressabbau

Diese Übung beruhigt den Herzschlag, sorgt für innere Harmonie. Jeder Mensch braucht zudem ab und an einen Ort, an den er sich zurückziehen kann. Und den findet man am besten in seinem Innersten.

- Die Hände vor dem Sonnengeflecht (oberer Magen) falten, dort befindet sich ein wichtiger Energiepunkt im Körper.
- Beide Mittelfinger aufstellen und aneinanderlegen.
- Konzentrieren Sie sich jetzt auf den Atem im Bereich des oberen Magens. Die Belohnung dafür: Sie beruhigen sich sofort.

Das Leben mit Kindern kann ganz schön aufregend sein. Und manchmal stockt einem dabei der Atem. Zum Beispiel, wenn die Kleinen Turnübungen auf viel zu hohen Stühlen absolvieren. Oder man sie dabei erwischt, wie sie versuchen, die knallheiße Ofentür aufzubekommen.

Besonders der letzte Punkt verdient Beachtung. Denn er hilft zu verstehen, warum wir manchen Situationen nicht gewachsen sind. Die Buddhistin Myla Kabat-Zinn schreibt: »Das meiste, das ich in meinem Leben gelernt habe, habe ich von der Tatsache gelernt, dass ich Mutter bin. Meine Kinder lehren mich beständig, was ich wissen muss, wann ich es wissen muss. Über die Jahre habe ich immer wieder versucht, Dinge aus der Sicht eines Kindes zu betrachten. Und indem ich es getan habe, haben sich meine Augen geöffnet und alte Muster erkannt, die mit meiner eigenen Kindheit zu tun hatten und die mich eingeschränkt oder geschädigt haben.«

Den alten Bann brechen

Jedes Mal, wenn wir unsere eigene Sichtweise verlassen und uns ganz und gar auf unsere Kinder einlassen, kommen wir einen Schritt weiter. Jeder Versuch zu analysieren, warum wir in dieser Situation besonders hilflos reagiert haben und welche eigenen Erfahrungen hinter solchen negativen Mustern stecken, bringt uns nach vorn.

Dies eröffnet uns die Chance, das nächste Mal zu wählen: Wollen wir brüllen und damit versuchen, in einer momentan nicht kontrollierbaren Situation Macht und die Oberhand zu gewinnen? Oder wollen wir versuchen zu verstehen, was in unserem Kind vor sich geht? Wollen wir automatisierte Handlungsweisen, zum Beispiel den kränkenden Unterton, der Auseinandersetzungen mit Kindern häufig innewohnt (»Was ist denn mit *dir* los? Bist du *völlig verrückt* geworden?), weiter fortführen oder wollen wir einen neuen Weg beschreiten?

Als Eltern tendieren wir dazu, die Muster, die wir selbst als Kinder kennengelernt haben, fortzusetzen. Ob wir es wollen oder nicht, haben unsere eigenen Eltern und ihr Umgang mit uns einen entscheidenden Einfluss darauf, wie wir – zumindest gelegentlich – in schwierigen Situationen reagieren. Vielleicht wurden wir als Kinder ebenfalls angeschrien, wenn wir uns vermeintlich unangemessen verhielten. Vielleicht haben unsere Eltern von uns genau dasselbe Verhalten (»Sei endlich artig und still!«) gefordert wie wir von unseren Kindern. In solchen Situationen lohnt es sich besonders, achtsam zu sein, einen Moment innezuhalten und in sich hineinzuhorchen: Was hat dieses Verhalten mit mir und meiner Weltsicht des Kindes, das ich einmal war, zu tun? Und vor allem: Möchte ich, dass mein Kind ebenfalls mit diesen Mustern aufwächst?

Dieser Moment beinhaltet die Möglichkeit, eigene seelische Wunden zu erkennen und ihren Bann über uns zu brechen. Und mit einem neuen, eigenen Ansatz unseren Kindern gegenüberzutreten. Wir müssen nicht brüllen, nur weil unsere Eltern uns angebrüllt haben. Wir müssen keinen Gehorsam verlangen, nur weil man von uns verlangte, gehorsam zu sein. Unser Kind muss kein

Spitzensportler werden, nur weil wir darauf getrimmt wurden.

Solche Augenblicke, in denen wir die Weichen neu stellen, nennt Myla Kabat-Zinn »Heilende Momente«. Und sie sagt weiter: »Wenn wir uns dazu entscheiden, die Bedürfnisse unserer Kinder zu erkennen und zu respektieren, respektieren wir gleichzeitig auch unsere eigenen unerfüllten Bedürfnisse unserer Kindheit.« Wenn wir als Kinder in manchen Augenblicken vernachlässigt wurden, kann es zutiefst befriedigend sein zu sehen, dass man es selbst als Vater und Mutter anders macht, dass es uns gelingt, unsere Kinder rückhaltlos zu lieben und ihnen größtmögliche Zuwendung zu geben.

Sich entschuldigen

Und wenn man das nächste Mal wieder ausgerastet ist? Dann hilft vielleicht dieses: Mitten im Sturm bringt manchmal eine kleine Pause eine ganze Menge. Einen kurzen Moment innehalten, sich auf die Atmung zu konzentrieren, wachsam die Situation betrachten, so, als sähe man sie wie ein unbeteiligter Beobachter von außen. Und einfach erst mal gar nichts tun, sondern abzuwarten, was passiert.

Wenn man jedoch zu dem Schluss kommt, dass man mit seiner Reaktion das Vertrauen des Kindes tatsächlich verletzt hat, ist der Moment gekommen, sich zu

*Fingermudra: Apan-Mudra
für mehr Ausgeglichenheit*

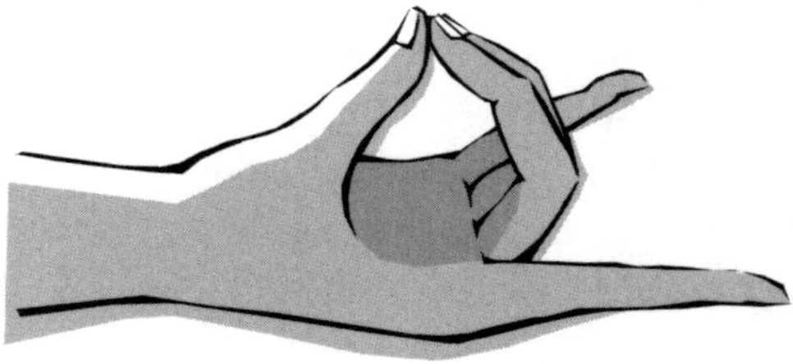

Auf der körperlichen Ebene entfernt diese Mudra Schlacken und Giftstoffe aus dem Körper. Prima, wenn man ein paar Pfunde loswerden will. Aber für Eltern noch viel wichtiger: Die Übung entgiftet auch die Seele, wirkt ausgleichend auf das Gemüt, schenkt Geduld, Gelassenheit, Zuversicht, innere Ausgeglichenheit und Harmonie.

- Die Spitzen von Daumen, Mittel- und Ringfinger beider Hände aneinanderlegen, die anderen Finger sind gestreckt.
- Mindestens fünf Minuten halten.

Fingermudras sind seit Jahrtausenden eine wunderbare Möglichkeit, bestimmte Probleme praktisch nebenher zu lösen.

entschuldigen. Eine Entschuldigung zeigt, dass Eltern über die Situation nachgedacht haben und diese jetzt klarer sehen, vielleicht sogar mehr aus der Perspektive des Kindes. Sich zu entschuldigen ist eine wirkungsvolle Möglichkeit, Wut loszulassen und demütig zu werden.

Allerdings müssen Väter und Mütter aufpassen, sich nicht zu häufig zu entschuldigen. Sonst verliert die Geste an Bedeutung. Um Verzeihung bitten sollten wir nur dann, wenn wir tatsächlich Reue im Geist der Achtsamkeit empfinden. Ansonsten wird es zu einem Akt, mit dem wir uns aus der Verantwortung stehlen, unseren Kindern gegenüber achtsam zu sein.

Wir möchten schließlich, dass unsere Kinder eines Tages selbst dazu in der Lage sind, die Verantwortung für ihre Gefühle und ihre Taten zu übernehmen. Dazu gehört auch die Fähigkeit, Fehler einzugestehen. Das können wir vorleben. Und anschließend gemeinsam überlegen, wie man künftig konfliktträchtige Situationen schon im Vorfeld entschärfen kann.

Schlusswort

Das Leben ist Wandel. Allen Eltern ist das schmerzlich bewusst. Die wundervollen Momente mit den Kindern, bei denen man dahinschmilzt, werden vorübergehen – ohne Zweifel. Viele Eltern machen sich deshalb Vorwürfe, wenn sie den Augenblick mit ihren Kindern nicht genießen können, so wie er ist. Das ist bei uns nicht anders. Wir wissen, wie es sich anfühlt, wochenlang wie ein Hamster im Rad zu leben, wenn wir mit Job und Familie jonglieren, versuchen, den Haushalt im Griff zu behalten und nebenher auch noch eine erfüllte Partnerschaft zu leben. Wer spricht von Siegen? Überstehen ist alles!

Kindererziehung ist in vieler Hinsicht ein lebenslanges Experiment, das niemand durchführt, ohne hin und wieder Dummheiten zu begehen. Im Leben geht es nicht darum, sich immerzu richtig oder perfekt zu verhalten, sondern darum, dem ganzen Chaos einen Sinn zu entlocken. Und wo gäbe es dafür eine bessere Gelegenheit als im häufig chaotischen Alltag mit unseren Kindern!

Irgendwann werden wir mit ein wenig Bedauern feststellen, wie schnell die Kinder herangewachsen sind.

Wir werden mit Wehmut daran zurückdenken, dass wir es gelegentlich nicht geschafft haben, schöne Momente in ihrer ganzen Glückseligkeit ausgekostet zu haben. Es wird uns leidtun, dass wir in anderen Augenblicken völlig falsch reagiert haben. Das Herz wird uns wehtun bei der Vorstellung, dass unsere Kinder eines Tages das Haus verlassen. Aber glücklicherweise gibt es eine wunderbare Konstante im Elternsein, die nichts an ihrem Zauber verliert, egal ob das Kind fünf Tage, fünf Monate, fünf oder fünfzehn Jahre alt ist. »Auch wenn frischgebackene Eltern nicht glauben können, dass sich die Verbundenheit mit ihrem Baby noch steigern lässt: Sie tut es ganz automatisch und ist in jedem Lebensalter einmalig schön«, schreibt Andrea Bischhoff in ihrem hinreißenden Anti-Erziehungsberater *Lexikon der Erziehungsirrtümer*.

Denn Eltern-sein bedeutet zwar Wandel, aber auch im besten Sinne: Wir lieben unsere anstrengenden Einjährigen, weil sie einfach zum Knuddeln sind. Wir freuen uns über die Dreijährigen, weil sie uns zum Lachen bringen. Schulkinder und ihr neu entdeckter Ernst des Lebens: schlichtweg anbetungswürdig. Es versetzt unserem Herzen einen Stich, wenn unsere Achtjährigen nicht mehr an der Hand gehen wollen – und doch sind wir froh, dass sie uns bald nicht mehr brauchen, um sicher über die Straße zu kommen. Und selbst Pubertierende, so rebellisch und nervenaufreibend sie sein mögen, schenken einem neue, erfreuliche Erfahrungen:

Man kann mit ihnen interessante Gespräche führen, sie überraschen uns mit philosophisch-neugierigen Fragen. Mal sehen, wie es wird, wenn sie erwachsen, berufstätig und vielleicht selber Eltern sind.

Im Akzeptieren des Wandels im Leben mit unseren Kindern wird uns immer bewusster: Ein Kind gehört zu uns. Aber es gehört uns nicht. Wir verstehen aber auch, was der indische Arzt und Philosoph Deeprak Chopra mit diesem Satz meint: »Eine Familie ist mehr als ein privater Verein mit seinen privaten Triumphen und Fehlschlägen – sie ist eine Gemeinschaft der Seelen.« Wenn es uns gelingt, unseren Kindern dieses Lebensgefühl zu vermitteln, wird das Band zwischen ihnen und uns nicht zerreißen. Denn wir vermitteln ihnen eine tiefe Verbundenheit, die sie stark macht für alles, was im Leben auf sie zukommt.

Elternschaft ist ein Spiegel, in dem wir das Beste und das Schlimmste in uns erblicken: die schönsten Momente und die schrecklichsten, die zärtlichsten und die zornigsten. Es wird in jeder Familie immer wieder Tage und vielleicht Wochen geben, in denen alle das Gefühl haben, dass es rund läuft, in denen die Kinder einen glücklichen, ausgeglichenen Eindruck machen. Doch schon im nächsten Moment kann wieder das Chaos ausbrechen, und unsere Welt füllt sich mit Gefühlen der Angst, der Wut, der Unsicherheit. Aber auch in diesen Momenten können wir aufmerksam bleiben, wir können sie analysieren und uns überlegen, welchen Weg wir beschreiten wollen, um sie für uns zu nutzen. Und das lernen wir von unseren Kindern.

Sie sind wie kleine Zen-Meister, die uns durchs Training schicken: Das Leben mit ihnen ist wild und sanft, liebevoll und anstrengend, lustig und traurig, manchmal einfach, manchmal höllisch schwierig. Wie im richtigen Zen-Training eben. »Zen-Meister erklären sich nicht selbst. Sie stellen nur eine Präsenz dar«, schreibt Jon Kabat-Zinn. Und erinnert sich an seine Kinder, als sie noch Säuglinge waren, »die, wie alle Babys, wie kleine Buddhas aussahen, mit ihren runden Bäuchen, ihren großen Köpfen, ihrem geheimnisvollen Lächeln.«

Die Präsenz und die Lehren eines Zen-Meisters ermöglichen es Menschen, in direkten Kontakt mit sich selbst zu treten, ihre eigene innere Natur zu erkennen. Die Weisheit der Zen-Meister ermutigt andere, ihre Bestimmung zu finden und ihren ganz eigenen Weg zu gehen.

Danke, Kinder!

Literatur

Bergmann, Wolfgang: *Die Kunst der Elternliebe*, Beltz Verlag, 2005

Bischhoff, Andrea: *Lexikon der Erziehungsirrtümer. Von Autorität bis Zähneputzen*, Eichborn Verlag, 2005

Chopra, Deepak: *Mit Kindern glücklich leben. Die sieben geistlichen Gesetze für Eltern*, dtv-Taschenbuchverlag, 2002

Dalai Lama, Howard C. Cutler: *Die Regeln des Glücks*, Bastei Lübbe Verlag, 2001

Dalai Lama, Howard C. Cutler: *Glücksregeln für den Alltag*, Herder Verlag, 2004

Hirschi, Gertrud: *Mudras. Yoga mit dem kleinen Finger*, Bauer Verlag, 1999

Juul, Jesper: *Was Familien trägt. Werte in Erziehung und Partnerschaft*, Kösel Verlag, 2006

Kabat-Zinn, Myla und Jon: *Mit Kindern wachsen. Die Praxis der Achtsamkeit in der Familie*, Hyperion Verlag, 1997

Kessler, Nicola, Kührt, Christiane: *Jin Shin Jyutsu. Schnelle Selbsthilfe durch sanfte Berührung*, Gräfe und Unzer Verlag, 2005

Napthali, Sarah: *Der kleine buddhistische Erziehungsberater*, O. W. Barth Verlag, 2006

Pilguj, Sabina: *Yoga mit Kindern. Übungen und Fantasiereisen zu Hause erleben*, Ravensburger Verlag, 2002

Prekop, Jirina, Hüther, Gerald: *Auf Schatzsuche bei unseren Kindern. Ein Entdeckungsbuch für neugierige Eltern und Erzieher*, Kösel Verlag, 2006

Rieth, Susi: *Yoga-Heilbuch*, Wilhelm Heyne Verlag, 2000

Schüffel, Wolfram, e. a.: *Handbuch der Salutogenese. Konzept und Praxis*, Ullstein Medical Verlagsgesellschaft, 1998

Register